CONTRATO DE NAMORO

Amor Líquido e Direito de Família Mínimo

COLEÇÃO FÓRUM
DIREITO CIVIL
E SEUS DESAFIOS CONTEMPORÂNEOS

COLEÇÃO FÓRUM DIREITO CIVIL E SEUS DESAFIOS CONTEMPORÂNEOS

Marília Pedroso Xavier

Prefácio
Ana Carolina Brochado Teixeira

Apresentação
Paulo Nalin

CONTRATO DE NAMORO

Amor Líquido e Direito de Família Mínimo

3

2ª edição
1ª reimpressão

Belo Horizonte
FÓRUM
CONHECIMENTO JURÍDICO
2020

FÓRUM
CONHECIMENTO JURÍDICO

Luís Cláudio Rodrigues Ferreira
Presidente e Editor

Coordenação editorial: Leonardo Eustáquio Siqueira Araújo
Aline Sobreira de Oliveira

Av. Afonso Pena, 2770 – 15º andar – Savassi – CEP 30130-012
Belo Horizonte – Minas Gerais – Tel.: (31) 2121.4900 / 2121.4949
www.editoraforum.com.br – editoraforum@editoraforum.com.br

Técnica. Empenho. Zelo. Esses foram alguns dos cuidados aplicados na edição desta obra. No entanto, podem ocorrer erros de impressão, digitação ou mesmo restar alguma dúvida conceitual. Caso se constate algo assim, solicitamos a gentileza de nos comunicar através do *e-mail* editorial@editoraforum.com.br para que possamos esclarecer, no que couber. A sua contribuição é muito importante para mantermos a excelência editorial. A Editora Fórum agradece a sua contribuição.

Dados Internacionais de Catalogação na Publicação (CIP) de acordo com a AACR2

X3c Xavier, Marília Pedroso
Contrato de namoro: amor líquido e direito de família mínimo / Marília Pedroso Xavier. 2. ed. 1. Reimpressão. – Belo Horizonte : Fórum, 2020.
127 p.; 14,5x21,5cm

Coleção Fórum Direito Civil e seus desafios contemporâneos, v. 3.

ISBN da coleção: 978-85-450-0675-6
ISBN do volume: 978-65-5518-029-9

1. Direito Civil. 2. Direito de Família. 3. Coleção Fórum Direito Civil e seus desafios contemporâneos. I. Título.

CDD: 342.16
CDU: 347.6

Elaborado por Daniela Lopes Duarte – CRB-6/3500

Informação bibliográfica deste livro, conforme a NBR 6023:2018 da Associação Brasileira de Normas Técnicas (ABNT):

XAVIER, Marília Pedroso. *Contrato de namoro*: amor líquido e direito de família mínimo. 2. ed. 1. Reimpr. Belo Horizonte: Fórum, 2020. (Coleção Fórum Direito Civil e seus desafios contemporâneos, v. 3). 127 p. ISBN 978-65-5518-029-9.

Dedico este livro ao William, com os votos de que cada pessoa possa realizar seus próprios anseios pessoais e patrimoniais na seara do amor e da família.

AGRADECIMENTOS

Num ambiente líquido, imprevisível e de fluxo rápido, precisamos, mais do que nunca, de laços firmes e seguros de amizade e confiança mútua. Afinal, os amigos são pessoas com que podemos contar quando precisamos de compreensão e de ajuda no caso de tropeçarmos e cairmos.
(Zygmunt Bauman)

Foi com muita alegria que recebi o convite da Editora Fórum para que esta obra fosse publicada como o mais novo volume da prestigiada *Coleção Fórum Direito Civil* e seus desafios contemporâneos. Fruto de uma dissertação de mestrado defendida em 2011, a obra ainda se revela pertinente e atual, sendo perceptível na contemporaneidade o acirramento judicial de temas que já eram então problematizados quando da escrita.

Em razão do apelo midiático que o assunto tem recebido, fruto de alguns casos concretos simbólicos amplamente veiculados, a urgência do debate jurídico tem sido cada vez maior. Por isso, o convite para publicação foi extremamente preciso ao afirmar o interesse editorial na obra nos exatos moldes originais em que foi escrito, sem embargo de posteriores e desejáveis novas edições.

Registra-se agradecimento especial ao Professor Doutor Marcos Ehrhardt Junior, jovem civilista de escol, coordenador da referida coleção e grande incentivador para que este trabalho viesse a público.

De 2011 até a presente data, posso afirmar com sentimento de muita gratidão que a vida se revelou extremamente generosa com meus sonhos acadêmicos e profissionais. Após o mestrado, tive a honra de me doutorar na Universidade de São Paulo e de me tornar professora adjunta da Universidade Federal do Paraná. Para além da docência, a advocacia se tornou igualmente intensa, permitindo reflexões não apenas teóricas, mas também com a sensibilidade dos dilemas forenses cotidianos.

No intuito de conservar a estrutura proposta, seguem nas linhas abaixo o texto ainda com o olhar da época de elaboração. Passados alguns anos, constata-se com alegria que continuam precisamente verdadeiras.

Em 2004, após muita persistência e estudo, tive a felicidade de ver meu grande sonho de infância realizado: ingressar no curso de Direito da Universidade Federal do Paraná. Por isso, entre tantas outras coisas, agradeço a Deus e aos meus pais. Meu pai Mário, por sempre ter me incentivado a assumir uma postura crítica perante a vida, para que eu fosse sujeito de minha própria história. Minha mãe Rosa Maria foi talvez quem despertou essa aspiração em mim e, por meio de seus sacrifícios pessoais, ajudou a torná-la concreta. Ademais, expresso minha admiração por ela ser verdadeiro paradigma do jurista de carreira pública, em razão da seriedade e comprometimento que reconhecidamente dispensa à Procuradoria do Município de Curitiba.

Agradeço a todo restante da família na pessoa de minha irmã Silvia, companheira de viagem de peculiar alegria, a quem sou grata pelo carinho e pela amizade.

O curso de Direito foi se revelando aos poucos cada vez mais apaixonante. Uma disciplina, em especial, parecia, ao mesmo tempo, fascinante e desafiadora. E antes mesmo que pudesse perceber já tinha escolhido estudar Direito Civil. Agradeço imensamente ao Prof. Dr. Paulo Nalin, orientador desta pesquisa, pelos sábios ensinamentos desde o primeiro ano da graduação. Suas lições foram tão cativantes a ponto de elegê-lo paraninfo de minha turma.

O gosto pela vida acadêmica fez do mestrado um caminho natural. A isso devo agradecer ao Prof. Dr. Rodrigo Xavier Leonardo, sempre grande incentivador e com quem pude aprender muito mais do jamais imaginei ser possível. Serei eternamente grata também ao Prof. Dr. Luiz Edson Fachin, pelo estágio em seu escritório e por oportunizar minha participação em eventos e grupos de pesquisa desde o segundo ano da graduação.

Agradeço à minha irmã gêmea Luciana, que, além de minha companhia ab ovo, foi também colega de faculdade e de mestrado. A ela agradeço pela cumplicidade, pela lealdade e por sempre tentar me fazer uma pessoa melhor. Meu maior esforço é verdadeiramente fazer jus à nossa semelhança. Ao Guilherme agradeço pelos momentos de descontração e pelo auxílio na prospecção de materiais estrangeiros.

Por fim, agradeço ao William, estimado companheiro de todas as horas. Na impossibilidade de expressar todos os agradecimentos merecidos, relevo especialmente o fato de ter sempre se mantido fiel aos valores que o tornam tão especial e que despertaram o meu mais sincero amor.

Curitiba, 16 de fevereiro de 2020.

Am Am/G Dm/F
Que me perdoem se eu insisto neste tema

G/F C/Bb
Mas não sei fazer poema

C/E Bm7/5- E7
Ou canção que fale de outra coisa que

Am
Não seja o amor,

Am/G Dm/F
Se o quadradismo dos meus versos

G/F C/Bb
Vai de encontro aos intelectos

F7+ Bm7/5- E7
Que não usam o coração como expressão

(Música Popular Brasileira. *Você abusou*. Antônio Carlos e Jocafi)

LISTA DE ILUSTRAÇÕES

SUMÁRIO

COLEÇÃO FÓRUM DIREITO CIVIL E SEUS DESAFIOS CONTEMPORÂNEOS

A vida em sociedade é uma constante mutação nos modos e na intensidade de relações interpessoais cada vez mais fluidas e complexas. Diversidade e pluralidade se tornam um desafio para operadores do direito comprometidos com as diretrizes axiológicas do texto constitucional, num cenário de pouca tolerância e respeito a pontos de vista e escolhas comportamentais e negociais diferentes da maioria.

O Direito Civil exprime o cotidiano do sujeito comum, do indivíduo que assume funções em seu ambiente familiar, negocial e tem que equilibrar as necessidades de interação e contato social com o respeito a seus valores e visão de mundo, que determinam seu projeto de vida e decisões eminentemente existenciais. A velocidade das mudanças no mundo contemporâneo tem produzido um evidente impacto nos institutos tradicionais da disciplina, que carecem de ressistematização e uma funcionalização atenta aos legítimos interesses das pessoas envolvidas.

O melhor caminho para refletir sobre os desafios de aplicar um conhecimento que era abordado de modo estático numa realidade analógica, a um cenário dinâmico de elevada interação digital, é ter acesso a um acervo de qualidade técnica, elaborado mediante uma pesquisa de fontes exemplar, comprometido com análise crítica do contexto fático atual e com uma metodologia que privilegia a pessoa e suas necessidades existenciais em detrimento de aspectos puramente patrimoniais.

Com esses objetivos apresenta-se a *Coleção Fórum de Direito Civil e seus desafios contemporâneos*, criada com a finalidade de servir como um espaço privilegiado para discussão de um direito civil adequado às demandas do tempo presente. Os livros que forem editados com esse selo têm por objetivo abordar temas que necessitam de maior atenção e debate de operadores jurídicos, quer seja por sua inovação, necessidade de revisão de entendimentos clássicos, quer seja pela nova abordagem que sugerem para enfrentamento de questões controversas relevantes para a melhoria da prestação jurisdicional em nosso país. Busca-se reunir uma doutrina útil para novas pesquisas e para servir de fonte preferencial para decisões judiciais, servindo de fundamento para a atuação de advogados, promotores, defensores e magistrados.

Com a criação desta Coleção, a Editora Fórum mais uma vez reafirma seu compromisso com a consolidação e divulgação de doutrina jurídica de qualidade a seus leitores, garantindo um espaço de excelência para o trabalho de todos aqueles que acreditam na pesquisa jurídica como num dos caminhos para a construção de uma sociedade mais justa e solidária.

Maceió/AL, 21 de abril de 2019.

Marcos Ehrhardt Júnior

Coordenador

Os contratos de namoro têm sido objeto de expressiva discussão na sociedade contemporânea, na medida em que se pretende regular questões ligadas às manifestações espontâneas de afeto que sempre existiram, mas que, até então, não participavam do debate jurídico. No entanto, as relações interpessoais mudaram muito. O namoro não significa mais, necessariamente, uma fase que antecede o casamento, mas "um relacionamento amoroso não orientado à constituição de um núcleo familiar estável nem à realização de um projeto de vida em comum",[1] um período de vivências que pode se esgotar nele mesmo, no qual é frequente uma série de atos que eram privativos de pessoas com um compromisso maior.

Essa mudança de comportamentos é inserida em um contexto que Zygmunt Bauman chama de modernidade líquida, uma sociedade marcada pelos avanços tecnológicos e enfraquecida em seus vínculos, pois encontra seu valor no consumo e no imediatismo. O reflexo nos relacionamentos é sua fragilidade e flexibilidade, dando margem ao que Bauman chamou de amor líquido.[2] Por outro lado, em época de maior liberdade existencial, é plenamente possível viver relações mais espontâneas e despretensiosas que satisfaçam seus integrantes, até como contraposição a toda a rigidez da moral e dos costumes do início do século XX. Diante dessa nova realidade nas relações humanas, por que não contratualizá-las? Por que não dar validade e eficácia jurídica às declarações de vontade que exprimem as escolhas pessoais e amorosas dos indivíduos?

Esse é o contexto em que o namoro ganhou destaque social e jurídico. Isso porque nasceu a necessidade de diferenciá-lo da união estável, em razão dos efeitos jurídicos que essa produz. A distinção entre eles antigamente era simples: naqueles relacionamentos em que existiam relações sexuais, verificava-se uma união estável; quando ausente a

---

[1] TJMG, Ap. Civ. nº 1.0362.10.000178-7/001. 7ª Câmara Cível. Rel. Des. Oliveira Firmo, j. 19.6.2012, *DJe*, 29 jun. 2012.

[2] BAUMAN, Zygmunt. *Amor líquido*: sobre a fragilidade dos laços humanos. Tradução de Carlos Alberto Medeiros. Rio de Janeiro: Zahar, 2004.

intimidade sexual, estava-se diante de um namoro. As mudanças de comportamento fizeram com que tal diferença se tornasse imprópria para as relações contemporâneas.[3]

Nesse contexto, busca-se maior compreensão a respeito dos contornos das repercussões jurídicas do namoro, nem tanto pelo que ele é, mas pelo que ele não é – já que ele não é união estável e o que se pretende é dela diferenciá-lo. A justificativa para essa regulação se deve à indeterminação conteudística do requisito "*animus* de constituição de família" para caracterização da união estável – que deve estar aliado aos demais requisitos objetivos previstos pelo art. 1.723 do Código Civil, quais sejam, união pública contínua e duradoura –,[4] de modo a não se confundir com condutas de um namoro nos dias de hoje.[5]

É nesse âmbito que se insere a discussão sobre existência, validade e eficácia dos contratos de namoro, instrumento destinado a declarar que as partes não estão vivenciando uma entidade familiar naquele

---

[3] "Há situações em que o relacionamento, embora duradouro e estável, é apenas um namoro. Em muitos casos, há um limite tênue e estreito entre namoro e união estável. A dificuldade de avaliação entre estes dois institutos surgiu com a mudança de costumes e valores, especialmente a partir da década de sessenta. Explico: antes disso um dos elementos diferenciadores entre namoro e o então chamado concubinato era a presença de relações sexuais. Com isto era fácil dizer se aquela relação era namoro ou união estável. Hoje, a maioria dos casais de namorados mantém relações sexuais, e esta se tornou um dos ingredientes saudáveis da relação, já que o casamento não é mais a única forma de legitimar as relações sexuais. Portanto, já não há mais este elemento que era determinante para a distinção entre uma e outra relação. E assim o limite ficou ainda mais estreito" (PEREIRA, Rodrigo da Cunha. *Comentários ao Código Civil*. Rio de Janeiro: Forense, 2004. v. XX: Da união estável, da tutela e da curatela. p. 64-65).

[4] O STJ já decidiu que mesmo pessoas que coabitaram em situação excepcional não viveram, necessariamente, em união estável: "Tampouco a coabitação, por si, evidencia a constituição de uma união estável (ainda que possa vir a constituir, no mais das vezes, um relevante indício), especialmente se considerada a particularidade dos autos, em que as partes, por contingências e interesses particulares (ele, a trabalho; ela, pelo estudo) foram, em momentos distintos, para o exterior, e, como namorados que eram, não hesitaram em residir conjuntamente. Este comportamento, é certo, revela-se absolutamente usual nos tempos atuais, impondo-se ao Direito, longe das críticas e dos estigmas, adequar-se à realidade social" (STJ, REsp nº 1.454.643/RJ, 3ª T., Rel. Marco Aurélio Bellizze, j. 3.3.2015, *DJe*, 10 mar. 2015).

[5] Interessantes as reflexões de Bauman a respeito de algo que ainda precisa ser pensado, em face de situações novas: "Recentemente, eu comecei a chamar a presente situação de 'situação de interregno'. O interregno é um conceito bem antigo, da época de Tito Lívio, que escreveu a história de Roma em Ab Urbe Condita ['desde a fundação da cidade']. Um interregno significa, simplesmente, que a antiga maneira de agir não funciona mais, e novos modos de agir ainda não foram inventados" (BAUMAN, Zygmunt. Sociedade do consumo e do crédito não funciona mais. Entrevista concedida ao jornalista Silio Boccanera do Programa Milênio, da Globo News. *Conjur*, 27 jan. 2012. Disponível em: http://www. conjur.com. br/2012-jan-27/ideias-milenio-zygmunt-bauman-sociologopolones. Acesso em: 11 out. 2015).

momento em que assinaram o *contrato*, mas uma relação espontânea de namoro, que não gera efeitos jurídicos. Trata-se de decisão de duas pessoas, presumidamente livres e iguais, afirmando o que estão vivendo por meio de um negócio jurídico existencial.

Esse foi o tema que norteou a dissertação de mestrado da hoje Doutora e Professora Marília Pedroso Xavier, que defendeu a possibilidade do contrato de namoro em todos os planos da escada ponteana, na medida em que o direito civil-constitucional confere às pessoas autonomia para regularem suas relações como melhor lhes aprouver, desde que não ofendam direitos de terceiros. Dessa forma, o contrato de namoro seria possível, na medida em que o direito de família atual se legitima, entre livres iguais, com mínima interferência em tais relacionamentos, já que inexiste uma presunção de vulnerabilidade que a justifique.

Tendo em vista esse contexto, a autora percorreu a seguinte rota: no primeiro capítulo, desenvolveu o pensamento de Bauman, demonstrando o conceito de liquidez nas sociedades modernas e os reflexos nos relacionamentos interpessoais.

No segundo capítulo, a autora desenvolve as balizas da intervenção do Estado nas relações entre pessoas em iguais condições de liberdade, apoiando-se na teoria do direito de família mínimo, ou seja, o Estado só deve interferir residualmente, quando houver uma situação de desigualdade ou de vulnerabilidade que justifique a supressão da autonomia privada. Pontua a autora que esse espaço de liberdade se instaura em uma realidade familiar eudemonista e solidarista, em que a família se justifica enquanto for funcionalizada à comunhão plena de vida de seus membros.

Sob esse viés, o terceiro capítulo se baseia na defesa da possibilidade do contrato de namoro, na medida em que as vontades estão ali externadas, bem como presentes os elementos essenciais do negócio jurídico previstos no art. 104 do Código Civil, estando apto, então, a produzir os efeitos pretendidos, ou seja, declarar que entre os namorados não há entidade familiar. A autora não descuida da responsabilidade da sua construção teórica, na medida em que afirma que, caso a relação venha a se tornar união estável, o contrato perde eficácia, já que a realidade tem primazia sobre as declarações outrora firmadas.

Esta é a corajosa obra que tenho a enorme alegria em prefaciar, pois ela é grande em pesquisa e coragem como quem a gestou. Conheci Marília há cerca de 15 anos, quando, ainda na graduação, já tinha olhos atentos e interessados nas descobertas que a vida acadêmica poderia lhe proporcionar. Tive a felicidade de acompanhar seu crescimento profissional, sempre fincado em bases sólidas do grupo de pesquisa Virada de Copérnico e fiel às premissas aprendidas e desenvolvidas na Universidade Federal do Paraná – UFPR, onde hoje, é professora. Desenvolvido nessa Casa, seu trabalho contou com a primorosa orientação do Prof. Paulo Nalin e com a arguta arguição do Prof. José Antônio Peres Gediel, em sua banca de mestrado.

Agora, ela buscou a oportunidade de engrandecer seus conhecimentos, tornando-se doutora pela Universidade de São Paulo – USP. A expansão das suas fronteiras geográficas demonstra que ela não se acomoda, nem se contenta com questões óbvias, investigando profundamente as verdadeiras razões para os dilemas que enfrentamos em nosso quotidiano nas salas de aula e nos embates da advocacia. Percebo que, esteja onde estiver, Marília continua a procurar em sua trajetória acadêmica e de forma consistente as respostas às perguntas feitas pelo Min. Luiz Edson Fachin, professor de todos nós: para que serve e a quem serve o direito civil?

Belo Horizonte, 30 de janeiro de 2020.

Ana Carolina Brochado Teixeira

Professora de Direito de Família do Centro Universitário UNA. Doutora em Direito Civil pela Universidade Estadual do Rio de Janeiro. Mestre em Direito Privado pela Pontifícia Universidade Católica de Minas Gerais. Especialista em Direito Civil pela *Università degli Studi di Camerino*. Bacharel em Direito pela Pontifícia Universidade Católica de Minas Gerais. Sócia do escritório Teixeira & Miranda Advogados Associados.

APRESENTAÇÃO

Quando recebi o convite para apresentar a autora desta obra – Marília Pedroso Xavier – fui tomado de espontânea alegria e confiança, a qual, logo adiante, transformou-se em angústia e preocupação, no sentido de apresentar ao grande público a pessoa, a pesquisadora, a professora de Direito Civil e agora autora de obra brilhante: como em tão pouco espaço e tempo fazer uma justa e correta apresentação de pessoa tão querida e estimada, detentora de elogiáveis predicados?

Conheci Marília na qualidade de seu professor de Teoria Geral do Direito Privado, na Faculdade de Direito da UFPR, em 2004. Fazia ela par com a sua inseparável irmã gêmea Luciana Pedroso Xavier, também minha ex-aluna, na mesma sala de aula e curso. De fato, somente percebi que eram gêmeas meses após o início das aulas, ao fazer a matinal chamada e desavisadamente perguntar se eram irmãs ... gargalhadas explodiram na sala de aula ante a minha incauta percepção da realidade. É que não obstante a semelhança física entre Marília e Luciana, distinguem-se em personalidades e condutas e quando se enxerga através dos olhos, todas as pessoas são especialmente singulares.

Acompanhei nossa autora até o terceiro ano da faculdade, foi ela minha monitora. Fui paraninfo da sua turma de graduação em 2008, honraria acadêmica, a verdadeira moeda que paga o professor. Mais tarde, já no mestrado, emprestei meu nome para a orientação da dissertação de mestrado que agora se converteu em livro, cada vez mais pertinente e atual. Empréstimo, isso mesmo, porque Marília caminha por pernas próprias e tudo o que consta da obra é fruto da sua exclusiva pesquisa. Poucos foram meus apontamentos, ante uma obra completa em estrutura e conteúdo.

Com Marília fiz pesquisa em nosso Grupo Virada de Copérnico, quando escrevemos breve ensaio de releitura sobre a obra *cult* de Clóvis do Couto e Silva, a *Obrigação como processo*. Participamos de eventos e simpósios, dentro e fora do país, sendo o mais recente deles na Universidade de Buenos Aires (novembro de 2019).

Para doutorar-se, Marília aceitou o meu conselho de buscar uma formação plural e partiu para São Paulo (USP), onde desenvolveu tese sob o título de *União estável, íntegra e coerente*.

Foi professora do Centro Universitário Autônomo do Brasil – Unibrasil e do Centro Universitário Curitiba – Unicuritiba. É professora da Academia Brasileira de Direito Constitucional, Coordenadora da Escola Superior de Advocacia (ESA) da OAB/PR. Mais: tornou-se minha colega, professora adjunta da Faculdade de Direito da UFPR, aprovada em concorrido concurso público de provas e títulos.

Na advocacia, Marília teve uma rápida passagem por meu escritório, quando mais uma vez bem cumpriu o seu papel. Atualmente, é sócia de sua própria banca, especializada em direito de família, sucessão e empresas familiares.

Sem embargo de uma brilhante trajetória que laureia a sua vida acadêmica e profissional, são outros aspectos que fazem da nossa pequena Marília uma pessoa muito maior do que a sua estatura física. A dedicação, a abdicação, a disciplina e uma dose razoável de inteligência fazem de um bom estudante um grande jurista. Mas tais adjetivos associados à retidão de caráter e personalidade inquebrantável fazem dele um jurista brilhante. É disso que estamos tratando, do carbono que acorda diamante, após o longo sono secreto na entranha escura da terra (Helena Kolody).

Deixo meu depoimento da firme personalidade de Marília pois poucos fatos me marcaram tanto, ao longo de 24 anos de magistério, quanto aquele envolvendo o passamento de Mário Cordeiro Xavier Junior, pai de Marília, ao longo da graduação. A resignação, o recolhimento e a tristeza que inundariam qualquer pessoa diante do trágico episódio se transformaram em têmpera e fortalecimento, pois Marília sequer pediu o adiamento das provas daquela fatídica semana. Cumpriu enlutada a sua missão acadêmica, desculpando-se, após, pelo eventual desempenho mais acanhado nos exames. Por isso que, no meu sentir, força existencial, têmpera e determinação são as marcas indeléveis de Marília, traços que nada ou ninguém conseguem remover.

Então, veio a bonança e com ela o *bom* William, amigo de faculdade, que passou a namorado e depois a marido. Penso que William teve um papel fundamental na obra que ora vem a lume, pois só uma pessoa inserida numa instituição familiar sólida, nada líquida, como é a da Marília, pode olhar o oposto (a não relação ou direito de não a ter constituída) e dele tratar com precisão e autoridade.

E foi um pouco assim com Marília, que acordou diamante e cujo nascimento eu tive o privilégio de testemunhar. Mas tudo isso já passou, faz parte da história de uma vida que não cessa neste livro e segue em busca do angustiante amanhã, pois, enfim:

Para quem viaja ao encontro do sol,
é sempre madrugada.[6]

Curitiba, 30 de janeiro de 2020.

Paulo Nalin

Graduado em Direito pela Universidade Federal do Paraná. Mestre em Direito Privado pela Universidade Federal do Paraná. Doutor em Direito das Relações Sociais pela Universidade Federal do Paraná. Professor de Direito Civil da Faculdade de Direito da Universidade Federal do Paraná. Pós-Doutor em Contratos Internacionais pela Juristische Fakultät – Universität Basel (Faculdade de Direito da Universidade da Basiléia, Suíça).

---

6 KOLODY, Helena. *Sempre poesia*: antologia poética. Curitiba: Ímã Publicidade, 1994. p. 42.

INTRODUÇÃO

Os trabalhos jurídicos possuem um evidente elemento temporal e territorial, ainda que algumas obras procurem afastá-lo. As ideias defendidas em uma dissertação ou em uma tese são, necessariamente, influenciadas pelo momento e pelo espaço em que a pesquisa foi desenvolvida. A obra aqui publicada não foge desta regra. Trata-se, em essência, da dissertação de mestrado da autora, defendida no ano de 2011, na Universidade Federal do Paraná. O convite para publicação na Coleção Direito Civil e Seus Desafios Contemporâneos, da Editora Fórum, ensejou a reflexão sobre os critérios de atualização a serem adotados pela autora.

Quando, em 2019, deu-se início à leitura do texto para revisão e atualização, uma conclusão foi rapidamente alcançada: os elementos espacial e temporal são constitutivos do livro e o afastamento de um, ou de ambos, implicaria a redação de outra obra. Após cuidadosa reflexão, optou-se pela máxima preservação do texto original, marcado pela metodologia empregada no Programa de Pós-Graduação em Direito da UFPR e pela pesquisa doutrinária e jurisprudencial desenvolvida entre os anos de 2009 e 2011. É a partir dessa escolha e da delimitação dos marcos da pesquisa que se passa a apresentar o problema e o objetivo do livro.

Sabe-se que toda a pesquisa científica deve estar atrelada a um ideal indeclinável de contribuir em algo para a sociedade. Evidente que em uma universidade pública, gratuita e de qualidade – tal como a Universidade Federal do Paraná – esse compromisso deve ser ainda maior.

Desse modo, a escolha do tema emergiu da mais genuína razão que conduz uma pesquisa: a dúvida. Trata-se de um assunto tormentoso, capaz, inclusive, de gerar controvérsias e posicionamentos antagônicos entre estudiosos que até então partilhavam das mesmas premissas. Certamente isto fez com que desde o início da pesquisa até o momento final de redação do trabalho a autora tenha enfrentado inúmeras dificuldades, as quais alteravam de modo pendular uma tomada de posição perante o tema.

Tendo presente tal complexidade – e os riscos daí advindos – cabe salientar que este trabalho se circunscreve na exata medida que uma dissertação de mestrado pretende. Assim, a contribuição dada é no sentido de analisar a possibilidade de elaboração de "contratos de namoro". Este objetivo ganha sentido ante a insuficiência que demonstram tanto os escritos da doutrina favorável quanto os da contrária ao contrato de namoro. Pode-se dizer que, em sua maioria, os artigos científicos sobre esse tema se limitam a traçar apenas algumas nuances do assunto, negligenciando muitas vezes uma necessária fundamentação mais consistente sobre alguns. Ademais, como será visto, parcela majoritária da doutrina civilista tem assumido uma postura maniqueísta ante o assunto sob a alegação acrítica de que essas espécies de negócio jurídico seriam nulas por terem como intuito fraudar a lei. A partir de uma visão dialética,[1] demonstrar-se-á que este posicionamento é equivocado.

O passar do tempo entre a defesa da dissertação e sua publicação marcou a pertinência e a atualidade do trabalho apresentado. A ausência de pesquisa semelhante, com premissas sociais e filosóficas, reforça a decisão tomada de oferecer ao público o trabalho com breves atualizações, apenas. Cabe registrar, por outro lado, que o problema

---

1 Nesse sentido: "Falando de uma maneira bem simples, uma coisa é um advogado elaborando um parecer, como já disse. Outra coisa é um acadêmico sustentando uma tese. No primeiro caso, a primeira lealdade do parecerista é para com o interesse do seu cliente; já a primeira lealdade do mestrando ou doutorando deverá ser para com a verdade. Por mais que esta seja uma noção problemática, não podemos liminarmente descartá-la. Como as dificuldades em abstrato são melhor resolvidas no terreno do concreto, nada melhor do que trabalhar com um exemplo. Nesse caso, escolho o que dei mais atrás sobre a constitucionalidade de uma lei promulgada antes da Constituição de 1988. A um parecerista que esteja interessado em demonstrar a inconstitucionalidade dessa lei, certamente não ocorrerá citar decisões judiciais que afirmem o contrário. Só citará a jurisprudência a seu favor. Já um trabalho acadêmico que faça jus a esse epíteto, terá de sopesar as várias posições. Não poderá, por exemplo, 'esquecer' a jurisprudência que infirme a sua tese, sob pena justamente de estar desrespeitando a neutralidade axiológica [...]" (OLIVEIRA, Luciano. *Não fale do Código de Hamurábi!* A pesquisa sócio-jurídica na pós-graduação em direito. Disponível em: http://www.esmape.com.br/downloads/Luciano_Oliveira_Nao_fale_do_codigo_de_Hamurabi.rtf. Acesso em: 23 set. 2010).

contemporâneo sobre os contratos de namoro não é nada diferente do o final da década passada. Ao contrário, a relevância do assunto cresceu, na mesma medida em que o instituto da união estável (especialmente a união estável fática) se tornou mais e mais comum.[2]

Diante disso, o livro apresenta a seguinte estrutura. Abordar-se-á, primeiramente, o conceito de amor líquido, cunhado pelo sociólogo polonês Zygmunt Bauman. Em seguida, ver-se-ão os contornos da doutrina do direito de família mínimo, a qual dá especial relevo ao princípio da autonomia privada quando exercido na seara conjugal. Por fim, serão analisados os limites e as possibilidades do contrato de namoro, levando em consideração as discussões travadas nas esferas doutrinária e jurisprudencial.[3]

Pretendeu-se evitar certos "lugares-comuns" observados na maioria das dissertações jurídicas. Assim, não há qualquer apêndice exaustivo que trate de assuntos que apenas tangenciam o tema em análise (e não guardam uma concatenação lógica estritamente necessária).[4] Do mesmo modo, afastar-se-á qualquer digressão historicista[5] sobre conceitos abordados ou sobre o transcurso da família.[6]

---

2 O tema foi examinado pela autora em sua tese de doutorado: XAVIER, Marília Pedroso. *União estável, íntegra e coerente*. 2015. Tese (Doutorado) – Universidade de São Paulo, São Paulo, 2015.

3 Impende ressaltar que jurisprudência e doutrina são, ao lado da lei, fontes formais de direito (FACHIN, Luiz Edson. *A "reconstitucionalização" do direito civil brasileiro*: lei nova e velhos problemas à luz de dez desafios. Disponível em: http://www.unibrasil.com.br/revista_on_line/artigo%2022.pdf. Acesso em: 7 set. 2010).

4 Como ensina o epigrama: "conciso? com siso/prolixo? pro lixo" (PAES, José Paulo. *Melhores poemas de José Paulo Paes*. Seleção Davi Arrigucci Jr. 5. ed. São Paulo: Global, 2003).

5 STAUT, Sérgio Said. Algumas precauções metodológicas para o estudo do direito civil. *In*: CANEZIN, Claudete. *Arte jurídica*. Curitiba: Juruá, 2005. p. 299-316.

6 Pode-se afirmar que boa parte da bibliografia consultada segue idêntico raciocínio: faz todo o percurso histórico exaustivo da família, contrapondo os valores do Código Civil de 1916 e os que informam a família na atualidade. Isso tudo para concluir pela elevação que foi conferida ao afeto, e, consequentemente, defender a reparação da sua falta. Cite-se apenas um autor, como exemplo: COSTA, Maria Isabel Pereira da. Família: do autoritarismo ao afeto – Como e a quem deve indenizar a omissão do afeto? *Revista Brasileira de Direito de Família*, Porto Alegre, v. 7, n. 32, p. 20-39, out./nov. 2005.

CAPÍTULO 1

A CONFIGURAÇÃO DA ATUAL SOCIEDADE LÍQUIDO-MODERNA: O AMOR LÍQUIDO

1.1 Modernidade, sociedade e vida líquida: em busca de uma radiografia do cenário contemporâneo a partir da obra de Zygmunt Bauman

> *A cultura do sacrifício está morta.*
> *Deixamos de nos reconhecer na obrigação de viver em nome de qualquer coisa que não nós mesmos.*
> (Zygmunt Bauman)

A presente dissertação de mestrado tem como escopo problematizar uma nova modalidade contratual atípica que vem sendo pactuada em razão de certas necessidades que emergem da atualidade.

É certo que o assim chamado "contrato de namoro" precisa ser entendido como algo sintomático do tempo presente. Desse modo, o primeiro capítulo deste estudo será dedicado à compreensão da configuração hodierna da época em que "nossas vidas estão sendo escritas".[7]

O caminho eleito para essa tarefa é a teoria da "modernidade líquida",[8] elaborada pelo sociólogo Zygmunt Bauman. Impende ressaltar que o conceito de "liquidez" assume papel de norte da pesquisa ora

---

[7] BAUMAN, Zygmunt. *Legisladores e intérpretes*: sobre modernidade, pós-modernidade e intelectuais. Tradução de Renato Aguiar. Rio de Janeiro: Zahar, 2010. p. 13.

[8] BAUMAN, Zygmunt. *Modernidade líquida*. Tradução de Plínio Dentzien. Rio de Janeiro: Zahar, 2001.

desenvolvida. Essa é a "visão de mundo" que se pretende apresentar: a ressignificação provocada em todo o tecido social contemporâneo, o que redundará na alteração do modo como os laços afetivos são firmados.

A fim de evitar equívocos, cabe salientar que, ao consultar algumas obras de Bauman, é possível perceber que o autor se insere na tradição pós-moderna.[9] No entanto, esse era um posicionamento inicial, notoriamente assumido, porém abandonado uma década atrás. E, tendo em vista que a tradução para a língua portuguesa de *Legisladores e intérpretes* – livro embasado no viés pós-moderno – ocorreu apenas em 2010, faz-se necessário reforçar que houve o abandono da "modernidade sem ilusões" (pós-modernidade) em favor da ideia de "liquidez".[10]

Conforme descrito pelo sociólogo, sua opção pela modernidade líquida seguiu a trajetória prevista por Thomas Kuhn, no sentido de mudança paradigmática.[11] Ao estudar as características da vida moderna,[12] Bauman concluiu que havia tantas exceções a ponto de elas terem se tornado a própria regra: "Se a vida moderna era de fato como a teoria aceita da modernidade me ensinara, então o que eu descobri sobre a realidade atual não era mais a 'modernidade', e sim outra coisa. Mas o quê?".[13]

Em um primeiro momento, o autor entendeu que a resposta correta seria a "pós-modernidade".[14] Entretanto, rejeitou esta explicação após identificar nela três deficiências: (i) o caráter puramente negativo

---

9 BAUMAN, Zygmunt. *O mal-estar na pós-modernidade*. Tradução de Mauro Gama e Cláudia Martinelli Gama. Rio de Janeiro: Zahar, 1998 e BAUMAN, Zygmunt. *Legisladores e intérpretes*: sobre modernidade, pós-modernidade e intelectuais. Tradução de Renato Aguiar. Rio de Janeiro: Zahar, 2010.

10 BAUMAN, Zygmunt. *Vida a crédito*: conversas com Citali Rovirosa-Madrazo. Tradução de Alexandre Werneck. Rio de Janeiro: Zahar, 2010. p. 18.

11 KUHN, Thomas S. *A estrutura das revoluções científicas*. Tradução de Beatriz Vianna Boeira e Nelson Boeira. 9. ed. São Paulo: Perspectiva, 2006.

12 "Nessa perspectiva, a modernidade pode ser caracterizada por uma descontinuidade temporal e uma ruptura no que diz respeito à tradição. A visão teocêntrica do mundo foi suplantada pelo triunfo da racionalidade instrumental. Instaurou-se, então, a concepção antropocêntrica, em que Deus perdia sua centralidade, dando lugar ao homem, instrumentalizado pela ciência" (SEVERIANO, Maria de Fátima Vieira; ESTRAMIANA, José Luis Álvaro. *Consumo, narcisismos e identidades contemporâneas*: uma análise psicossocial. Rio de Janeiro: EdUERJ, 2006. p. 23).

13 BAUMAN, Zygmunt. *Legisladores e intérpretes*: sobre modernidade, pós-modernidade e intelectuais. Tradução de Renato Aguiar. Rio de Janeiro: Zahar, 2010. p. 10.

14 "De um modo geral, o termo pós-modernidade sugere a mudança de uma época para outra, implicando uma interrupção da era moderna e o surgimento de uma nova totalidade social, com seus princípios organizadores próprios e distintos" (SEVERIANO, Maria de Fátima Vieira; ESTRAMIANA, José Luis Álvaro. *Consumo, narcisismos e identidades contemporâneas*: uma análise psicossocial. Rio de Janeiro: EdUERJ, 2006. p. 37-38).

dessa perspectiva, que se limita a apontar diferenças em relação à modernidade; (ii) a indicação de um fim da modernidade, quando, em grande medida, ainda se vive muito da modernidade; (iii) a escassez de informações sobre essa nova forma de vida.[15]

Aquilo que fora chamado de pós-modernidade, "na falta de nome melhor",[16] significava um rompimento com a época moderna, em que se tinha uma sociedade estável e solidamente enraizada.[17] Observa-se, então, a existência de um novo modo de viver, baseado "no pressuposto de que a contingência, a incerteza e a imprevisibilidade estão aqui para ficar":[18] Se o "fundir a fim de solidificar" era o paradigma adequado para a compreensão da modernidade em seu estágio anterior, a "perpétua conversão em líquido" é o paradigma estabelecido para alcançar e compreender os tempos mais recentes.[19]

Conforme explica a jornalista mexicana Citlali Rovirosa-Madrazo, a noção inovadora de liquidez é uma metáfora utilizada para "descrever as transformações sociais e políticas entre o meio e o fim do século XX, representadas pela desintegração, ou 'liquefação', das instituições da modernidade".[20] Ocorre que comunidades, identidades e instituições estão "cada vez mais precárias e fugazes, dando lugar a 'identidades líquidas' num mundo no qual o declínio do Estado e a diluição das fronteiras nacionais são irreversíveis".[21]

A opção de Bauman pelo termo "líquido" se justifica pelas características próprias desse estado físico. Enquanto os sólidos possuem dimensões espaciais bem delineadas, sendo moldados com ânimo de definitividade,[22] os líquidos são identificados pela sua fluidez, não

---

15 BAUMAN, Zygmunt. *Legisladores e intérpretes*: sobre modernidade, pós-modernidade e intelectuais. Tradução de Renato Aguiar. Rio de Janeiro: Zahar, 2010. p. 10-11.

16 BAUMAN, Zygmunt. *Legisladores e intérpretes*: sobre modernidade, pós-modernidade e intelectuais. Tradução de Renato Aguiar. Rio de Janeiro: Zahar, 2010. p. 12.

17 BAUMAN, Zygmunt. *Legisladores e intérpretes*: sobre modernidade, pós-modernidade e intelectuais. Tradução de Renato Aguiar. Rio de Janeiro: Zahar, 2010. p. 12.

18 BAUMAN, Zygmunt. *Legisladores e intérpretes*: sobre modernidade, pós-modernidade e intelectuais. Tradução de Renato Aguiar. Rio de Janeiro: Zahar, 2010. p. 13.

19 BAUMAN, Zygmunt. *Legisladores e intérpretes*: sobre modernidade, pós-modernidade e intelectuais. Tradução de Renato Aguiar. Rio de Janeiro: Zahar, 2010. p. 13.

20 BAUMAN, Zygmunt. *Vida a crédito*: conversas com Citali Rovirosa-Madrazo. Tradução de Alexandre Werneck. Rio de Janeiro: Zahar, 2010. p. 14-15.

21 BAUMAN, Zygmunt. *Vida a crédito*: conversas com Citali Rovirosa-Madrazo. Tradução de Alexandre Werneck. Rio de Janeiro: Zahar, 2010. p. 15.

22 BAUMAN, Zygmunt. *Modernidade líquida*. Tradução de Plínio Dentzien. Rio de Janeiro: Zahar, 2001. p. 8.

conseguindo manter uma forma fixa por muito tempo[23] e estando sempre predispostos a alterá-la.[24] Uma substância líquida, em última instância, adquirirá o formato do recipiente em que estiver inserida.

E é assim que o presente estágio da era moderna,[25] explicitado pelo conceito axial de modernidade líquida,[26] dá ensejo à "vida líquida":

> A "vida líquida" é uma forma de vida que tende a ser levada à frente numa sociedade líquido-moderna. "Líquido-moderna" é uma sociedade em que as condições sob as quais agem seus membros mudam num tempo mais curto do que aquele necessário para a consolidação, em hábitos e rotinas, das formas de agir. A liquidez da vida e da sociedade se alimentam e se revigoram mutuamente. A vida líquida, assim como a sociedade líquido-moderna, não pode manter a forma ou permanecer em seu curso por muito tempo.[27]

Em outras palavras, a vida líquida é precária, marcada por incertezas perenes.[28] Considerando que é encenada em um mundo de revolução permanente,[29] não se pode simplesmente ficar parado: ou o indivíduo moderniza-se ou perecerá.[30] A vida líquida também é "constante autoexame, autocrítica e autocensura".[31] Sua arte representa "aquiescência à desorientação, imunidade à vertigem, adaptação, ao estado de tontura, tolerância com a falta de itinerário e direção e com a duração indefinida da viagem".[32]

---

23 BAUMAN, Zygmunt. *Modernidade líquida*. Tradução de Plínio Dentzien. Rio de Janeiro: Zahar, 2001. p. 14.

24 BAUMAN, Zygmunt. *Modernidade líquida*. Tradução de Plínio Dentzien. Rio de Janeiro: Zahar, 2001. p. 8.

25 BAUMAN, Zygmunt. *Modernidade líquida*. Tradução de Plínio Dentzien. Rio de Janeiro: Zahar, 2001. p. 7.

26 BAUMAN, Zygmunt. *Legisladores e intérpretes*: sobre modernidade, pós-modernidade e intelectuais. Tradução de Renato Aguiar. Rio de Janeiro: Zahar, 2010. p. 7.

27 BAUMAN, Zygmunt. *Vida líquida*. Tradução de Carlos Alberto Medeiros. Rio de Janeiro: Zahar, 2007. p. 7.

28 BAUMAN, Zygmunt. *Vida líquida*. Tradução de Carlos Alberto Medeiros. Rio de Janeiro: Zahar, 2007. p. 8.

29 BAUMAN, Zygmunt. *Vida líquida*. Tradução de Carlos Alberto Medeiros. Rio de Janeiro: Zahar, 2007. p. 87.

30 BAUMAN, Zygmunt. *Vida líquida*. Tradução de Carlos Alberto Medeiros. Rio de Janeiro: Zahar, 2007. p. 9.

31 BAUMAN, Zygmunt. *Vida líquida*. Tradução de Carlos Alberto Medeiros. Rio de Janeiro: Zahar, 2007. p. 19.

32 BAUMAN, Zygmunt. *Vida líquida*. Tradução de Carlos Alberto Medeiros. Rio de Janeiro: Zahar, 2007. p. 10.

Na sociedade líquido-moderna, viver significa adentrar em uma grande sucessão de reinícios, já que nada tende a ser duradouro. As rupturas, rotineiras, tornam-se cada vez mais rápidas e indolores.[33]

As relações sociais viram sinônimo de ligações frouxas, compromissos que são revogáveis a qualquer momento.[34] Os relacionamentos amorosos, em especial, são tomados por uma grande ambivalência inconciliável: o desejo de ter um vínculo forte, intenso, porém extinguível sem deixar qualquer vestígio (quando se queira).[35]

Nesse sentido, uma leitura atenta da vasta obra de Bauman permite identificar inúmeras características que fazem da sociedade contemporânea uma sociedade dita líquido-moderna. É possível, por exemplo, estudar assuntos que *a priori* estariam completamente desconectados – como "globalização"[36] e "busca da felicidade"[37] – e concluir que eles são, ao mesmo tempo, fundamentos e consequências da fluidez dos tempos hodiernos. Desse modo, qualquer pretensão de esgotar a temática estaria fadada ao insucesso, dada a complexidade e sofisticação dessa ordem de ideias.

Observada tal premissa, optou-se por abordar, entre tantos, três pontos nevrálgicos que permeiam a vida líquida: (i) a configuração atual das relações de consumo, (ii) os novos contornos das relações de trabalho e, por fim, (iii) o sentimento de desconfiança que norteia as relações sociais.

A pertinência de aludir a tais pontos reside no fato de que eles têm o condão de explicar o porquê da fragilidade dos laços humanos de hoje. Desta fragilidade surge um "homem sem vínculos", individualista, que almeja usufruir da companhia do outro sem que isso lhe traga responsabilidades. Tudo isto faz com que, em última instância, um contrato de namoro seja algo extremamente oportuno e desejável.

---

33 BAUMAN, Zygmunt. *Vida líquida*. Tradução de Carlos Alberto Medeiros. Rio de Janeiro: Zahar, 2007. p. 8.

34 BAUMAN, Zygmunt. *Vida líquida*. Tradução de Carlos Alberto Medeiros. Rio de Janeiro: Zahar, 2007. p. 11.

35 BAUMAN, Zygmunt. *Vidas desperdiçadas*. Tradução de Carlos Alberto Medeiros. Rio de Janeiro: Zahar, 2005. p. 152-153.

36 BAUMAN, Zygmunt. *Globalização*: as consequências humanas. Tradução de Marcus Penchel. Rio de Janeiro: Zahar, 1999.

37 BAUMAN, Zygmunt. *A arte da vida*. Tradução de Carlos Alberto Medeiros. Rio de Janeiro: Zahar, 2009.

1.2 As relações de consumo na sociedade líquido-moderna

Sem qualquer receio de cometer excessos, é lícito dizer que as relações de consumo ocupam papel central na vida líquido-moderna. Afinal, nas palavras do próprio Bauman, "nossa sociedade é uma sociedade de consumo".[38]

Ressalte-se que, com isso, o autor não está simplesmente afirmando o óbvio: atualmente somos todos consumidores[39] ou, ainda, o consumo está em todo lugar. Em realidade, para além de saciar anseios de toda natureza, o ato de consumir passa a orientar a percepção e o tratamento das diferentes relações travadas no ambiente social.[40]

Assentado como pilar do tempo presente, o consumo é elevado à condição de verdadeira "política de vida".[41] Tudo passa a ser pensado, construído e remodelado a partir desse imperativo.

O cunho imperativo justifica-se pelo fato de que a sociedade de consumo não permite mediações. Não é possível, singelamente, optar entre aderir ou não. Isso já não pertence ao campo das escolhas possíveis, pois a sociedade em comento "promove, encoraja ou reforça a escolha de um estilo de vida e uma estratégia existencial consumistas, e rejeita todas as opções culturais alternativas".[42] Nesse sentido, cabe pontuar precisamente a diferença entre consumo e consumismo:

---

[38] BAUMAN, Zygmunt. *Globalização*: as consequências humanas. Tradução de Marcus Penchel. Rio de Janeiro: Zahar, 1999. p. 87.

[39] Na atualidade, pode-se afirmar que, em regra, não é possível viver sem consumir. Isso porque é justamente deste modo que se atende desde às necessidades mais inerentes à sobrevivência (água potável, alimentos, eletricidade, moradia, medicamentos) até às mais sofisticadas (vestuário, cultura, meios de locomoção). Para Bauman, "o fenômeno do consumo tem raízes tão antigas quanto os seres vivos – e com toda certeza é parte permanente e integral de todas as formas de vida conhecidas a partir de narrativas históricas e relatos etnográficos" (BAUMAN, Zygmunt. *Vida para consumo*: a transformação das pessoas em mercadorias. Tradução de Carlos Alberto Medeiros. Rio de Janeiro: Zahar, 2008. p. 37).

[40] "Dizer 'sociedade de consumidores' é dizer mais, muito mais, do que apenas verbalizar a observação trivial de que, tendo considerado agradável o consumo, seus membros gastam a maior parte de seu tempo e de esforços tentando ampliar tais prazeres. É dizer, além disso, que a percepção e o tratamento de praticamente todas as partes do ambiente social e das ações que evocam e estruturam tendem a ser orientados pela 'síndrome consumista' de predisposições cognitivas e avaliativas" (BAUMAN, Zygmunt. *Vida líquida*. Tradução de Carlos Alberto Medeiros. Rio de Janeiro: Zahar, 2007. p. 109).

[41] BAUMAN, Zygmunt. *Vida líquida*. Tradução de Carlos Alberto Medeiros. Rio de Janeiro: Zahar, 2007. p. 109.

[42] BAUMAN, Zygmunt. *Vida para consumo*: a transformação das pessoas em mercadorias. Tradução de Carlos Alberto Medeiros. Rio de Janeiro: Zahar, 2008. p. 71.

> Pode-se dizer que o "consumismo" é um tipo de arranjo social resultante da reciclagem de vontades, desejos e anseios humanos rotineiros, permanentes e, por assim dizer, "neutros quanto ao regime", transformando-os na *principal força propulsora e operativa* da sociedade, uma força que coordena a reprodução sistêmica, a integração e a estratificação sociais, além da formação de indivíduos humanos, desempenhando ao mesmo tempo um papel importante nos processos de autoidentificação individual e de grupo, assim como na seleção e execução de políticas de vida individuais. [...] De maneira distinta do *consumo*, que é basicamente uma característica e uma ocupação dos seres humanos como indivíduos, o *consumismo* é um atributo da *sociedade*.[43]

Um exemplo emblemático da força dessa cultura de consumo como único desígnio factível é a coerção sofrida por crianças e adolescentes no perímetro escolar por conta da não utilização dos artigos da moda. Assustadoramente, constata-se que "o uso do tipo errado de tênis de ginástica tem sido ligado ao *bullying*".[44] [45]

Nota-se, então, que o consumo adquire o *status* de condição de pertencimento. Aquele que não se adequar aos padrões existentes será sumariamente excluído pelos demais, ficará abandonado à própria sorte.

Esse quadro é agravado porque hoje, além de pertencer, o indivíduo também precisa se sobressair para ter chances de lograr algum sucesso na vida. O isolamento voluntário, a discrição e o anonimato se tornam possibilidades remotas. Como bem disse a escritora australiana Germaine Greer, "há mais coisas na vida além da mídia, mas não muito... Na era da informação, invisibilidade é equivalente a morte".[46]

A boa notícia é que a porta de entrada está sempre aberta: basta consumir. Comprar os produtos corretos (roupas e acessórios) e adotar

---

43 BAUMAN, Zygmunt. *Vida para consumo*: a transformação das pessoas em mercadorias. Tradução de Carlos Alberto Medeiros. Rio de Janeiro: Zahar, 2008. p. 41.

44 "Bullying é uma situação que se caracteriza por agressões intencionais, verbais ou físicas, feitas de maneira repetitiva, por um ou mais alunos contra um ou mais colegas. O termo bullying tem origem na palavra inglesa *bully*, que significa valentão, brigão. Mesmo sem uma denominação em português, é entendido como ameaça, tirania, opressão, intimidação, humilhação e maltrato" (O QUE é bullying. *Revista Escola*. Disponível em: http://revistaescola.abril.com.br/crianca-e-adolescente/comportamento/bullying-escola-494973.shtml. Acesso em: 21 nov. 2010).

45 BAUMAN, Zygmunt; MAY, Tim. *Aprendendo a pensar com a sociologia*. Tradução de Alexandre Werneck. Rio de Janeiro: Zahar, 2010. p. 249.

46 BAUMAN, Zygmunt. *Vida para consumo*: a transformação das pessoas em mercadorias. Tradução de Carlos Alberto Medeiros. Rio de Janeiro: Zahar, 2008. p. 21.

as preferências (estéticas e culturais) disseminadas garante o ingresso no grupo.[47]

O consumo, portanto, é capaz de definir a inclusão e a exclusão dos cidadãos na sociedade. Paradoxalmente, ele representa, ao mesmo tempo, a danação e a salvação contemporâneas. É, em si, o problema e a solução para esse mesmo problema.

Resta claro que se está diante de uma realidade sem precedentes. E a sociedade de consumo, despida de qualquer ingenuidade, bem sabe a forma de se perpetuar. Tendo como grande projeto a satisfação dos desejos humanos em um grau que "nenhuma sociedade do passado pôde realizar ou sonhar",[48] sabiamente forjou um cenário em que essa promessa de satisfação "só permanecerá sedutora enquanto o desejo continuar irrealizado; o que é mais importante, enquanto houver uma suspeita de que o desejo não foi plena e totalmente satisfeito".[49]

O que se está a dizer é que a ânsia de reiteradamente comprar é infindável. Isso porque o móvel principal de consumir deixa de ser a mercadoria (o bem propriamente adquirido). Em seu lugar toma assento o desejo, a vontade de obter e colecionar. Ou seja, a prazerosa sensação de ter algo novo em mãos torna-se um fim em si mesmo. Daí pensar os consumidores como "colecionadores de coisas apenas num sentido secundário e derivativo".[50]

O desvirtuamento ocorrido entre "meios" e "fins" produz consequências significativas, influenciando uma série de comportamentos humanos que não apenas as trocas econômicas. Estudar-se-ão, em seguida, três importantes impactos trazidos justamente pelas relações de consumo, a saber: (i) a alteração da noção de tempo nas condutas humanas; (ii) a noção de descartabilidade gerada pelo consumo desenfreado; (iii) a produção exacerbada de lixo e de refugos que reifica o homem.

---

47 "Uma sociedade em que se adaptar aos preceitos da cultura de consumo e segui-los estritamente é, para todos os fins e propósitos práticos, a única escolha aprovada de maneira incondicional. Uma escolha viável e, portanto, plausível – e uma condição de afiliação" (BAUMAN, Zygmunt. *Vida para consumo*: a transformação das pessoas em mercadorias. Tradução de Carlos Alberto Medeiros. Rio de Janeiro: Zahar, 2008. p. 71).

48 BAUMAN, Zygmunt. *Vida líquida*. Tradução de Carlos Alberto Medeiros. Rio de Janeiro: Zahar, 2007. p. 106.

49 BAUMAN, Zygmunt. *Vida líquida*. Tradução de Carlos Alberto Medeiros. Rio de Janeiro: Zahar, 2007. p. 106.

50 BAUMAN, Zygmunt. *Globalização*: as consequências humanas. Tradução de Marcus Penchel. Rio de Janeiro: Zahar, 1999. p. 91.

1.2.1 A alteração da noção de tempo nas condutas humanas

Uma rápida conversa sobre o período de infância dos atuais pais e avós da nossa sociedade pode revelar uma das nuances mais importantes dos desdobramentos trazidos pelo consumo. Não raro as pessoas mais velhas descrevem, com certa nostalgia, a época em que demoravam meses e meses – quando não anos – para ganhar o presente mais desejado, ou ainda, de quanto tiveram que economizar para conseguir guardar a quantia necessária para comprar determinado sonho de consumo.[51]

Havia nas décadas passadas uma mentalidade de "longo prazo".[52] Na seara patrimonial, tudo era mais estável, mais demorado. As mudanças, em regra, não eram tão radicais. As conquistas demandavam muita persistência e espírito de poupança.

O cenário hodierno, entretanto, é completamente diverso. Que criança aceitaria esperar pacientemente o correr de um ano inteiro para ganhar o brinquedo que tanto deseja? É certo que, depois desse tempo, nem mesmo lembraria o que tanto pedira no ano anterior.

O mercado consumidor atual parece estar orientado por uma espécie de *carpe diem*.[53] A ideologia reinante é: "não deixe para amanhã o que você pode comprar hoje". Qual o sentido de esperar se tudo o que se deseja pode ser obtido imediatamente?

Há, conforme descrito, a passagem para uma mentalidade de "curto prazo". Mas cabe indagar de que maneira foi operada essa travessia. A resposta está em um pequeno e fino pedaço de plástico que cabe na palma da mão.

As compras, antigamente, eram feitas quase que exclusivamente à vista. O cliente deveria ir até o estabelecimento comercial após – e somente após – ter amealhado a quantia em dinheiro necessária para adquirir determinado produto. Hoje, relevante parcela das compras é feita na modalidade a prazo, viabilizada pelo instrumento chamado cartão de crédito. Ele permite algo surreal: comprar sem que ainda se tenha o montante equivalente ao preço da mercadoria.

---

[51] Nesse sentido, consultar: VILLAS, Alberto. *O mundo acabou!* São Paulo: Globo, 2006.

[52] BAUMAN, Zygmunt. *A sociedade individualizada*: vidas contadas e histórias vividas. Tradução de José Gradel. Rio de Janeiro: Zahar, 2008. p. 34.

[53] BAUMAN, Zygmunt. *Medo líquido*. Tradução de Carlos Alberto Medeiros. Rio de Janeiro: Zahar, 2008. p. 16.

Segundo adverte Bauman, a introdução dos cartões de crédito no mercado financeiro veio acompanhada do seguinte *slogan* sedutor: "Não adie a realização do seu desejo. Você deseja alguma coisa, mas não ganha o suficiente para adquiri-la? Nos velhos tempos, felizmente passados e esquecidos, era preciso adiar a satisfação [...]".[54]

Em terras brasileiras, o uso do cartão se fez mais presente a partir da década de noventa, impulsionado pela adoção de um programa de estabilização econômica, o Plano Real, em 1994.[55]

Se a possibilidade de comprar algo antes mesmo de ter efetivamente a quantia necessária para tal não fosse uma ideia suficientemente atrativa, o uso do cartão de crédito tem sido potencializado pelo constante incentivo da mídia e dos próprios lojistas – vantagens no pagamento e programas de milhagens, por exemplo –, constituindo, por vezes, publicidade irresponsável. Assim, a tendência natural é que as compras a crédito aumentem cada vez mais.

É bem verdade que essa modalidade de compra apresenta vantagens nobres à sociedade. O crédito permite acesso e, em tese, poderia ser um instrumento a serviço da população carente. Em um país como o nosso, com cerca de 40 milhões de pessoas orbitando em volta da linha de pobreza multidimensional,[56] isso significaria a possibilidade de reduzir e eliminar privações.

Lamentavelmente, o que tem ocorrido é a concessão abusiva de crédito, que gerou um quadro dramático de superendividamento[57]

---

[54] BAUMAN, Zygmunt. *Capitalismo parasitário e outros temas contemporâneos*. Tradução de Eliana Aguiar. Rio de Janeiro: Zahar, 2010. p. 12.

[55] ASSOCIAÇÃO BRASILEIRA DE EMPRESAS DE CARTÕES DE CRÉDITO E SERVIÇOS – ABECS. *Quem somos*. Disponível em: http://www.abecs.Org.br/quemsomos_ historia.asp. Acesso em: 13 set. 2010.

[56] É multidimensionalmente pobre quem sofre privações em, pelo menos, 30% dos seguintes indicadores: nutrição e mortalidade infantil (saúde); anos de escolaridade e crianças matriculadas (educação); gás de cozinha, sanitários, água, eletricidade, pavimento e bens domésticos (padrões de vida) (PROGRAMA DAS NAÇÕES UNIDAS PARA O DESENVOLVIMENTO – PNUD. Disponível em: http://www.pnud.Org.br/pobreza_ desigualdade/reportagens/index.php?id01=3597&lay=pde. Acesso em: 27 nov. 2010). Segundo os dados apresentados por Gustavo Tepedino e Anderson Schreiber, o Brasil apresenta cerca de 23 milhões de pessoas abaixo da linha da miséria, sendo que não possuem renda diária suficiente para a compra de alimentos na quantidade mínima exigida para a manutenção da vida. Além disso, os autores afirmam que 1% da população brasileira detém 53% dos recursos financeiros do país (TEPEDINO, Gustavo; SCHREIBER, Anderson. Minorias no direito civil brasileiro. *In*: FARIAS, Cristiano Chaves de (Coord.). *Temas atuais de direito e processo de família*: primeira série. Rio de Janeiro: Lumen Juris, 2004. p. 91-92).

[57] "Impossibilidade global de o devedor pessoa física, consumidor, leigo e de boa-fé, pagar as dívidas atuais e futuras de consumo (excluídas as dívidas como fisco, oriundas de delitos e

no mundo todo. As instituições financeiras fornecem a corda em que o próprio consumidor se enforca.[58] Como afirma Bauman, "vivemos a crédito: nenhuma geração passada foi tão endividada quanto a nossa – individual e coletivamente".[59]

Essa não é uma característica típica apenas dos países tidos como menos desenvolvidos. Para ilustrar, alude-se ao fato de que a Grã-Bretanha, em agosto de 2008, apresentava uma taxa de inadimplência dos consumidores tão elevada a ponto de ser maior que seu próprio Produto Interno Bruto (PIB). Em outras palavras, "as famílias britânicas têm dívidas num valor superior a tudo o que suas fábricas, fazendas e escritórios produzem".[60]

Mas e quando o consumidor não consegue pagar suas dívidas, haveria então o colapso do sistema financeiro? Não. A criatividade dos bancos é realmente assombrosa. Eles oferecem mais crédito para que os indivíduos paguem os débitos antigos e contraiam novos. Bauman enfatiza que diferentemente do que um raciocínio mais elementar indicaria, os bancos não esperam que seus clientes amortizem rigorosamente em dia suas pendências, pois são os juros cobrados mensalmente a maior fonte de lucro. Ou seja, "o cliente que paga prontamente o dinheiro que pediu emprestado é o pesadelo dos credores".[61]

Por todo o exposto, resta claro que os apelos consumistas são, atualmente, o novo canto da sereia. São anseios por vezes irresistíveis. Ainda mais levando em conta que, como já dito, não consumir pode não ser uma escolha possível, pois significa uma relação de exclusão, de não pertencimento.

Em tal contexto, a espera já não é mais necessária. Como visto, o cartão de crédito permite inverter a ordem dos fatores: "desfrute agora

---

de alimentos)" (MARQUES, Cláudia Lima; CAVALLAZZI, Rosângela Lunardelli. *Direitos do consumidor endividado*: superendividamento e crédito. São Paulo: RT, 2006. p. 256).

58 Para um estudo aprofundado do tema, consultar: CONRADO, Marcelo; XAVIER, Luciana. Proteção do consumidor endividado: o desequilíbrio entre o crédito e o consumo. *In*: CORTIANO JUNIOR, Eroulths *et al*. (Coord.). *Apontamentos críticos para o direito civil brasileiro contemporâneo*. Curitiba: Juruá, 2009. p. 279-292).

59 BAUMAN, Zygmunt. *Medo líquido*. Tradução de Carlos Alberto Medeiros. Rio de Janeiro: Zahar, 2008. p. 16.

60 BAUMAN, Zygmunt. *Capitalismo parasitário e outros temas contemporâneos*. Tradução de Eliana Aguiar. Rio de Janeiro: Zahar, 2010. p. 20.

61 BAUMAN, Zygmunt. *Capitalismo parasitário e outros temas contemporâneos*. Tradução de Eliana Aguiar. Rio de Janeiro: Zahar, 2010. p. 14.

e pague depois!". O indivíduo passa a obter suas mercadorias quando "*desejar*, não quando *ganhar* o suficiente para obtê-las".[62]

O consumismo líquido-moderno é marcado, principalmente, pela alteração do significado do vocábulo *tempo*,[63] pois o intervalo entre desejo e satisfação foi radicalmente encurtado.[64]

Isso produziu mudanças de comportamento não apenas no campo pragmático da vida. Houve também certos desdobramentos psicológicos na esfera do pensar e do sentir dos indivíduos.

Eis que na atualidade esperar por algo (ou até mesmo alguém) se torna insuportável. Como bem afirmou Stephen Bertman, vivemos uma cultura "agorista" (em inglês *nowist*), apressada.[65] Tudo deve ser urgente, "pronta-entrega". A impaciência domina a forma como reagimos.

Para Bauman, em nossa sociedade, "toda espera, toda procrastinação, todo atraso se transforma em estigma de inferioridade".[66] Quem pode mais não espera ou espera menos. E é o poder aquisitivo que definirá esse lapso.

Desse modo, na sociedade líquido-moderna a hierarquia social do indivíduo passa a ser avaliada não somente pelos bens materiais que possui, mas pela "capacidade de ter o que se deseja (o que quer que seja) *agora* – sem atraso".[67] Assim, "a espera é algo de que se deve envergonhar porque pode ser observada e tomada como prova de indolência ou baixo *status*, vista como sintoma de rejeição e sinal de exclusão".[68] Em síntese, "'agora' é a palavra-chave da estratégia de vida".[69]

---

62 BAUMAN, Zygmunt. *Capitalismo parasitário e outros temas contemporâneos*. Tradução de Eliana Aguiar. Rio de Janeiro: Zahar, 2010. p. 12.

63 BAUMAN, Zygmunt. *Vida para consumo*: a transformação das pessoas em mercadorias. Tradução de Carlos Alberto Medeiros. Rio de Janeiro: Zahar, 2008. p. 45.

64 BAUMAN, Zygmunt. *Vida para consumo*: a transformação das pessoas em mercadorias. Tradução de Carlos Alberto Medeiros. Rio de Janeiro: Zahar, 2008. p. 111.

65 BAUMAN, Zygmunt. *Vida para consumo*: a transformação das pessoas em mercadorias. Tradução de Carlos Alberto Medeiros. Rio de Janeiro: Zahar, 2008. p. 45.

66 BAUMAN, Zygmunt. *Vidas desperdiçadas*. Tradução de Carlos Alberto Medeiros. Rio de Janeiro: Zahar, 2005. p. 129.

67 BAUMAN, Zygmunt. *Vidas desperdiçadas*. Tradução de Carlos Alberto Medeiros. Rio de Janeiro: Zahar, 2005. p. 129.

68 BAUMAN, Zygmunt. *Vidas desperdiçadas*. Tradução de Carlos Alberto Medeiros. Rio de Janeiro: Zahar, 2005. p. 135.

69 BAUMAN, Zygmunt. *A sociedade individualizada*: vidas contadas e histórias vividas. Tradução de José Gradel. Rio de Janeiro: Zahar, 2008. p. 198.

1.2.2 O sentido de descartabilidade gerado pelo consumo desenfreado

A "síndrome da impaciência"[70] que referimos é potencializada pelo senso de descartabilidade que domina a sociedade líquido-moderna. Mais do que comprar quando nem mesmo se tem o dinheiro necessário, a época de agora prega o consumo desenfreado. Como explica Bauman, "a necessária redução do tempo é melhor alcançada se os consumidores não puderem prestar atenção ou concentrar o desejo por muito tempo em qualquer objeto".[71]

O rápido esquecimento é o motor da máquina consumo.[72] O ritmo de compras dos indivíduos tem atingido uma magnitude tão elevada que começa a ser corriqueiro vermos objetos que ainda estão sendo usados perderem a sua utilidade, virando, por consequência, dispensáveis.

> Entre as maneiras com que o consumir enfrenta a insatisfação, a principal é descartar os objetos que a causam. A sociedade de consumidores desvaloriza a durabilidade, igualando "velho" a "defasado", impróprio para continuar sendo utilizado e destinado à lata de lixo. É pela alta taxa de desperdício, e pela decrescente distância temporal entre o brotar e o murchar do desejo, que o fetichismo do subjetivismo se mantém vivo e digno de crédito, apesar da interminável série de desapontamentos que ele causa. A sociedade de consumidores é impensável sem uma florescente indústria de remoção do lixo. Não se espera dos consumidores que jurem lealdade aos objetos que obtêm com a intenção de consumir.[73]

O uso efêmero das mercadorias, em regra, já é prática banalizada na realidade dos dias de hoje. Inventa-se uma gama de justificativas retóricas para que o consumidor convença a si próprio de que *precisa* adquirir determinado produto.[74] A própria moda – criando tendências

---

70 BAUMAN, Zygmunt. *Vidas desperdiçadas*. Tradução de Carlos Alberto Medeiros. Rio de Janeiro: Zahar, 2005. p. 134.

71 BAUMAN, Zygmunt. *Globalização*: as consequências humanas. Tradução de Marcus Penchel. Rio de Janeiro: Zahar, 1999. p. 90.

72 BAUMAN, Zygmunt. *Globalização*: as consequências humanas. Tradução de Marcus Penchel. Rio de Janeiro: Zahar, 1999. p. 90.

73 BAUMAN, Zygmunt. *Vida para consumo*: a transformação das pessoas em mercadorias. Tradução de Carlos Alberto Medeiros. Rio de Janeiro: Zahar, 2008. p. 31.

74 "Mesmo os mais ricos do mundo se queixam sobretudo de todas as coisas de que devem se privar... Mesmo os mais privilegiados são compelidos a carregar dentro de si a urgência de lutar para adquirir [...]" (BAUMAN, Zygmunt. *Globalização*: as consequências humanas. Tradução de Marcus Penchel. Rio de Janeiro: Zahar, 1999. p. 87).

e qualificando o que é *in* e o que é *out* – cumpre um importante papel de tornar obsoleto aquilo que foi lançado há pouquíssimo tempo. O risco está na seguinte constatação: "o que começa como necessidade deve terminar como compulsão ou vício".[75]

E com o ato de consumir sendo um fim em si mesmo, o consumismo não se pauta mais pela acumulação de objetos, mas pelo "gozo descartável".[76]

O sentido de descartabilidade é sustentado pela diminuição já mencionada entre desejo e satisfação. Mas impende esclarecer que a satisfação, na realidade, nunca será verdadeiramente alcançada. A angústia de consumir sentida pelo indivíduo da época líquido-moderna só pode ser saciada provisoriamente. Mas nunca por muito tempo. Até porque, se o objetivo é que "as expectativas se mantenham vivas e novas esperanças preencham de pronto o vácuo deixado pelas esperanças já desacreditadas e descartadas, o caminho da loja à lata de lixo deve ser encurtado".[77]

Assim como ocorreu com a noção de tempo, vista no tópico anterior, também o caráter "dispensável" das coisas acabou excedendo os limites da seara consumerista e passou a nortear comportamentos em várias outras esferas da vida.[78]

Nem mesmo os seres humanos são poupados dessa lógica perversa de dispensabilidade, pois, conforme será analisado a seguir, chega-se ao ponto de eles próprios serem considerados como descartáveis.

---

75 BAUMAN, Zygmunt. *Vida líquida*. Tradução de Carlos Alberto Medeiros. Rio de Janeiro: Zahar, 2007. p. 107.

76 BAUMAN, Zygmunt. *Capitalismo parasitário e outros temas contemporâneos*. Tradução de Eliana Aguiar. Rio de Janeiro: Zahar, 2010. p. 42.

77 BAUMAN, Zygmunt. *Vida para consumo*: a transformação das pessoas em mercadorias. Tradução de Carlos Alberto Medeiros. Rio de Janeiro: Zahar, 2008. p. 65.

78 "Alguns anos atrás, na esperança de interromper uma maré montante que ainda se considerava apenas uma moda passageira, travou-se uma batalha sob o lema 'Um cachorro é para toda a vida, não apenas para o Natal', tentando evitar o abandono de animais indesejados no mês de janeiro, quando as crianças se viam saturadas pelo potencial de seus presentes natalinos para proporcionar prazer e começaram a se cansar das tarefas diárias exigidas de quem toma conta de um cachorro. Mas, como nos conta o estudo de Jeffries, uma firma americana altamente bem-sucedida, a Flexpetz, se preparava para abrir em outubro de 2007 uma filial londrina que 'possibilitaria aos clientes gastarem apenas algumas horas, ou alguns dias' com um de seus cães criados para aluguel, 'amáveis e plenamente treinados'" (BAUMAN, Zygmunt. *A arte da vida*. Tradução de Carlos Alberto Medeiros. Rio de Janeiro: Zahar, 2009. p. 25-26).

1.2.3 A produção exacerbada de lixo e de refugos

Ítalo Calvino[79] captou com exatidão, ao descrever uma de suas cidades invisíveis,[80] a relação existente entre a descartabilidade das coisas no atual paradigma de consumo e a produção de lixo e de refugos.[81] Em Leônia, tudo é refeito todos os dias: "a população acorda todas as manhãs em lençóis frescos, lava-se com sabonetes recém-tirados da embalagem, veste roupões novíssimos, extrai das mais avançadas geladeiras latas ainda intatas, escutando as últimas lenga-lengas do último modelo de rádio".[82]

A quantidade vertiginosa de mercadorias utilizadas se traduz em um expressivo contingente de expurgos que precisam ser removidos. A lógica aplicada é a de que o antigo, já utilizado, deve ser substituído pelo inédito, recém-adquirido. Desse modo, "a opulência de Leônia se mede pelas coisas que todos os dias são jogadas fora para dar lugar às novas".[83]

O processo de substituição é intenso a ponto de ser pertinente questionar se "a verdadeira paixão de Leônia é de fato, como dizem, o prazer das coisas novas e diferentes, e não o ato de expelir, de afastar de si, expurgar uma impureza recorrente".[84] E o mais interessante é que a exorbitância de itens descartados é diretamente proporcional ao acúmulo de novos artigos.[85]

---

79 BAUMAN, Zygmunt. *Vidas desperdiçadas*. Tradução de Carlos Alberto Medeiros. Rio de Janeiro: Zahar, 2005. p. 7-10; BAUMAN, Zygmunt. *Modernidade e holocausto*. Tradução de Marcus Penchel. Rio de Janeiro: Zahar, 1998. p. 76.

80 CALVINO, Ítalo. *As cidades invisíveis*. Tradução de Diogo Mainardi. São Paulo: Companhia das Letras, 1990. p. 105-107.

81 "O refugo é o segredo sombrio e vergonhoso de toda produção" (BAUMAN, Zygmunt. *Vidas desperdiçadas*. Tradução de Carlos Alberto Medeiros. Rio de Janeiro: Zahar, 2005. p. 38).

82 CALVINO, Ítalo. *As cidades invisíveis*. Tradução de Diogo Mainardi. São Paulo: Companhia das Letras, 1990. p. 105.

83 CALVINO, Ítalo. *As cidades invisíveis*. Tradução de Diogo Mainardi. São Paulo: Companhia das Letras, 1990. p. 105.

84 CALVINO, Ítalo. *As cidades invisíveis*. Tradução de Diogo Mainardi. São Paulo: Companhia das Letras, 1990. p. 105.

85 CALVINO, Ítalo. *As cidades invisíveis*. Tradução de Diogo Mainardi. São Paulo: Companhia das Letras, 1990. p. 107.

De maneira similar, na atualidade, a criação de lixo – consequência direta de toda ação de consumo[86] – também se torna, comprovadamente, o produto mais abundante da sociedade líquido-moderna.[87]

Ao lado do lixo, o sistema capitalista enseja a produção de refugos humanos; em outras palavras, "de seres humanos refugados (os 'excessivos' e 'redundantes', ou seja, os que não puderam ou não quiseram ser reconhecidos ou obter permissão para ficar)".[88]

O refugo é produto inevitável do sistema capitalista parasitário[89] com vistas à *construção da ordem* e do *progresso econômico*.[90] Integram essa categoria imigrantes ilegais, refugiados, desempregados, enfim, todo tipo de seres marginalizados e excluídos da sociedade. Trata-se de um conjunto de pessoas que, na atual conjuntura, são consideradas excessivas e, portanto, passíveis de descarte.

A melhor tentativa de conceituação pode ser alcançada por meio de um aporte na obra de Giorgio Agamben, mais especificamente na figura do *homo sacer*,[91] portador de uma vida nua.[92] Segundo Bauman,[93] esse modelo ideal-típico de pessoa excluída faz alusão a uma vida inútil, que, segundo o direito romano, poderia ser tirada sem que isso fosse crime ou sacrilégio. E, justamente por ser tão desprovida de valor, essa vida não podia nem mesmo servir como oferenda em um sacrifício religioso.[94]

---

86 BAUMAN, Zygmunt. *Vida líquida*. Tradução de Carlos Alberto Medeiros. Rio de Janeiro: Zahar, 2007. p. 117.

87 BAUMAN, Zygmunt. *Vida líquida*. Tradução de Carlos Alberto Medeiros. Rio de Janeiro: Zahar, 2007. p. 17.

88 BAUMAN, Zygmunt. *Vidas desperdiçadas*. Tradução de Carlos Alberto Medeiros. Rio de Janeiro: Zahar, 2005. p. 12.

89 BAUMAN, Zygmunt. *Capitalismo parasitário e outros temas contemporâneos*. Tradução de Eliana Aguiar. Rio de Janeiro: Zahar, 2010.

90 BAUMAN, Zygmunt. *Vidas desperdiçadas*. Tradução de Carlos Alberto Medeiros. Rio de Janeiro: Zahar, 2005. p. 12.

91 "[...] visto que qualquer um pode matá-lo sem cometer homicídio, a sua inteira existência é reduzida a uma vida nua desprovida de todo direito" (AGAMBEN, Giorgio. *Homo sacer*: poder soberano e vida nua I. Tradução de Henrique Burigo. Belo Horizonte: Editora UFMG, 2002. p. 189).

92 "Protagonista deste livro é a vida nua, isto é, a vida *matável e insacrificável* do *homo sacer*" (AGAMBEN, Giorgio. *Homo sacer*: poder soberano e vida nua I. Tradução de Henrique Burigo. Belo Horizonte: Editora UFMG, 2002. p. 16).

93 "O homo sacer é a principal categoria de refugo humano estabelecida no curso da moderna produção de domínios soberanos ordeiros" (BAUMAN, Zygmunt. *Vidas desperdiçadas*. Tradução de Carlos Alberto Medeiros. Rio de Janeiro: Zahar, 2005. p. 44).

94 BAUMAN, Zygmunt. *Vidas desperdiçadas*. Tradução de Carlos Alberto Medeiros. Rio de Janeiro: Zahar, 2005. p. 44.

Em sua versão contemporânea, o *homo sacer* seria definido como o ser que não está sob o manto de proteção das leis positivas nem dos direitos humanos concebidos antes das normas jurídicas.[95] Ele representa o antônimo do cidadão. Enquanto este pertence e é um produto útil e legítimo, aquele é excluído e constitui nada mais que refugo.[96]

Tais "sobras" não são mais desejadas porque não apresentam potencialidades mínimas de obtenção de ganhos e vantagens para o sistema. Por serem praticamente destituídos de poder aquisitivo, não dão azo, em tese, à manutenção do consumo, por exemplo. Em uma perspectiva puramente utilitarista, representam mais ônus que bônus.

Algo que agrava, ainda mais, esse panorama é o fato de que o planeta se encontra cheio.[97] O diagnóstico disso é a ocorrência de uma "crise aguda da indústria de remoção de refugo humano".[98] O lixo acumulado necessita de mais locais para depósito.

Da mesma forma que se passa com os leonenses descritos por Calvino, há no mundo de hoje uma alienação intencional em relação ao que é feito com os objetos que são todos os dias descartados.[99] Trata-se de uma atitude comodista, em que "ninguém se pergunta para onde os lixeiros levam os seus carregamentos".[100]

Atualmente, essa postura parece ser particularmente desafiadora. O contingente de lixo produzido tem causado problemas de todas as ordens, sendo, portanto, um assunto que está reiteradamente na ordem do dia, habitando inclusive os liames do senso comum. Nada obstante, dar ares de invisibilidade a esse processo oferece a conveniente vantagem de não conferir direitos e garantias, acentuando a hegemonia dos que estão no poder, tão cara aos nossos tempos. Assim, vale destacar que a pobreza "não pode ser 'curada', pois não é um sintoma da doença do

---

95 BAUMAN, Zygmunt. *Vidas desperdiçadas*. Tradução de Carlos Alberto Medeiros. Rio de Janeiro: Zahar, 2005. p. 44.

96 BAUMAN, Zygmunt. *Vidas desperdiçadas*. Tradução de Carlos Alberto Medeiros. Rio de Janeiro: Zahar, 2005. p. 45.

97 BAUMAN, Zygmunt. *Tempos líquidos*. Tradução de Carlos Alberto Medeiros. Rio de Janeiro: Zahar, 2007. p. 60.

98 BAUMAN, Zygmunt. *Vidas desperdiçadas*. Tradução de Carlos Alberto Medeiros. Rio de Janeiro: Zahar, 2005. p. 13.

99 "[...] uma vez que as coisas são jogadas fora, ninguém mais quer pensar nelas" (CALVINO, Ítalo. *As cidades invisíveis*. Tradução de Diogo Mainardi. São Paulo: Companhia das Letras, 1990. p. 105).

100 CALVINO, Ítalo. *As cidades invisíveis*. Tradução de Diogo Mainardi. São Paulo: Companhia das Letras, 1990. p. 106.

capitalismo. Bem ao contrário: é uma evidência de sua saúde e robustez, do seu ímpeto para uma acumulação e esforço sempre maiores [...]".[101]

Os espaços geográficos que compõem as cidades apresentam lugares que servem como depósitos de lixo e de refugo. Trata-se de áreas periféricas, que nenhum cidadão realmente deseja habitar. Assim, são relegadas aos marginalizados. A estes, na impossibilidade de melhor sorte, cabe apenas aceitar a condição de ser morador de favelas, periferias e guetos, locais que combinam o confinamento espacial e o fechamento social.[102]

O fenômeno social descrito permeia a realidade de todas as nações, inclusive das mais abastadas. Os Estados Unidos da América, por exemplo, possuem guetos de exclusão racial. Conforme aponta o sociólogo francês Loïc Wacquant, nesses espaços os negros são descartados por integrarem um segmento da sociedade urbana considerado desonrado e perigoso.[103]

Diante dessa circunstância, a sociedade responde de maneira passiva e insensível. As pessoas não se chocam ao ver os necessitados implorando por esmolas nas ruas. De maneira idêntica aos habitantes de Leônia, simplesmente não queremos saber qual é o destino do lixo.

Para exprimir esse comportamento, Irving Goffman criou o termo "desatenção civil".[104] Segundo este autor, fingir que "não olhamos nem escutamos, ou assumir postura sugestiva de que não vemos, não ouvimos nem mesmo ligamos para o que os outros a nossa volta estão fazendo"[105] passou a ser uma das técnicas para viabilizar a convivência nas cidades.

Esta é a realidade brasileira: pródiga em minorias marginalizadas e com milhões de pessoas em situação de pobreza.[106] Mas tamanha

---

101 BAUMAN, Zygmunt. *Globalização*: as consequências humanas. Tradução de Marcus Penchel. Rio de Janeiro: Zahar, 1999. p. 87. Ainda: "[...] os ricos tendem a se tornar ainda mais ricos, desfrutando as oportunidades disponibilizadas pela ampliação dos mercados, enquanto os mais pobres afundam na miséria, destituídos de sistema de proteção social" (BAUMAN, Zygmunt. Confiança e medo na cidade. Tradução de Eliana Aguiar. Rio de Janeiro: Zahar, 2009. p. 8).

102 BAUMAN, Zygmunt. *Comunidade*: a busca por segurança no mundo atual. Tradução de Plínio Dentzien. Rio de Janeiro: Zahar, 2003. p. 105.

103 BAUMAN, Zygmunt. *Vidas desperdiçadas*. Tradução de Carlos Alberto Medeiros. Rio de Janeiro: Zahar, 2005. p. 103.

104 BAUMAN, Zygmunt; MAY, Tim. *Aprendendo a pensar com a sociologia*. Tradução de Alexandre Werneck. Rio de Janeiro: Zahar, 2010. p. 69.

105 BAUMAN, Zygmunt; MAY, Tim. *Aprendendo a pensar com a sociologia*. Tradução de Alexandre Werneck. Rio de Janeiro: Zahar, 2010. p. 69.

106 Para mais detalhes, ver nota 56.

expressividade contrasta com a invisibilidade a que os refugos humanos são submetidos pela sociedade. À guisa de reflexão, toma-se emprestado o poema de Manuel Bandeira:

> Vi ontem um bicho
> Na imundície do pátio
> Catando comida entre os detritos.
> Quando achava alguma coisa,
> Não examinava nem cheirava:
> Engolia com voracidade.
> O bicho não era um cão,
> Não era um gato,
> Não era um rato.
> O bicho, meu Deus, era um homem.[107]

As palavras chocantes do poeta são, em certa medida, benevolentes. Considerando o panorama hodierno, se em *O bicho* o ser humano é retratado em uma situação extrema que o desumaniza a ponto de ser confundido com um animal, tem-se hoje o homem reificado: este é tratado como um objeto, uma mercadoria. Quando perde sua utilidade, vira sinônimo de lixo. A inquietante pergunta feita por Primo Levi na época do nazismo parece atual: "é isto um homem?".[108]

---

[107] BANDEIRA, Manuel. *Meus poemas preferidos*. Rio de Janeiro: Ediouro, 2001. p. 90.

[108] "É isto um homem? /Vocês que vivem seguros /Em suas cálidas casas, Vocês que, voltando à noite, /Encontram comida quente e rostos amigos, /Pensem bem se isto é um homem / Que trabalha no meio do barro, /Que não conhece paz, /Que luta por um pedaço de pão, / Que morre por um sim ou por um não. /Pensem bem se isto é uma mulher, /Sem cabelos e sem nome, /Sem mais força para lembrar, /Vazios os olhos, frio o ventre, /Como um sapo no inverno. /Pensem que isto aconteceu: /Eu lhes mando estas palavras. /Gravem-na em seus corações, /Estando em casa, andando na rua, /Ao deitar, ao levantar; /Repitam-na a seus filhos. /Ou, senão, desmorone-se a sua casa, /A doença os torne inválidos, /Os seus filhos virem o rosto para não vê-los" (LEVI, Primo. *É isto um homem?* Tradução de Luigi Del Re. Rio de Janeiro: Rocco, 1988. p. 9). Nessa toada, impossível não explicitar a figura do "muçulmano". Com o vocábulo "muçulmano", alude-se aos chamados "cadáveres-ambulantes", "homens-múmia" ou, ainda, "mortos-vivos" que habitavam os campos de concentração nazistas. É o conceito que exprime a situação-limite em que – devido à situação de desnutrição extrema e falta de condições básicas de sobrevivência – "o homem passa a ser não-homem" (AGAMBEN, Giorgio. *Homo sacer*: poder soberano e vida nua I. Tradução de Henrique Burigo. Belo Horizonte: Editora UFMG, 2002. p. 190-191; AGAMBEN, Giorgio. *O que resta de Auschwitz*: o arquivo e a testemunha (Homo Sacer III). Tradução de Selvino J. Assmann. São Paulo: Boitempo, 2008. p. 49; 54-55).

1.2.4 Notas derradeiras sobre o consumo

A partir de um exercício de síntese, a modernidade líquida pode ser descrita como a "civilização do excesso, da superfluidade, do refugo e da sua remoção".[109] É uma sociedade de consumo, vincada pela velocidade e pelo desperdício.[110]

O consumidor, grande protagonista, é uma pessoa que se encontra, permanentemente, em movimento.[111] Segue em busca da satisfação de seus desejos. O que ignora é que o desejo de consumir se tornou um fim em si mesmo, e, portanto, insaciável.

A vida líquida engendra um cenário dramático, no qual os próprios consumidores se transformam em mercadorias de consumo.[112] Qualquer tentativa de distinção é momentânea, efêmera e condicional, pois os papéis desempenhados pelo sujeito e pelo objeto "se interligam, se misturam e se fundem".[113] Há, então, uma verdadeira reificação do ser humano.[114]

Nas palavras de Bauman, "a mensagem, afinal, parece: somos feitos daquilo que compramos e possuímos. Diga-me o que compras (e por que compras e em que loja fazes tuas compras) e te direi quem és".[115] Ou seja, nossa sociedade lamentavelmente está centrada na valorização excessiva da dimensão do ter, da aparência, em detrimento do ser, da essência que caracteriza e torna único cada indivíduo.

---

109 BAUMAN, Zygmunt. *Vidas desperdiçadas*. Tradução de Carlos Alberto Medeiros. Rio de Janeiro: Zahar, 2005. p. 120.

110 BAUMAN, Zygmunt. *Vida para consumo*: a transformação das pessoas em mercadorias. Tradução de Carlos Alberto Medeiros. Rio de Janeiro: Zahar, 2008. p. 111.

111 BAUMAN, Zygmunt. *Globalização*: as consequências humanas. Tradução de Marcus Penchel. Rio de Janeiro: Zahar, 1999. p. 93.

112 BAUMAN, Zygmunt. *Vida para consumo*: a transformação das pessoas em mercadorias. Tradução de Carlos Alberto Medeiros. Rio de Janeiro: Zahar, 2008. p. 76.

113 BAUMAN, Zygmunt. *Vida líquida*. Tradução de Carlos Alberto Medeiros. Rio de Janeiro: Zahar, 2007. p. 18.

114 Nesse sentido, colaciona-se a lição de Janina Bauman: "a coisa mais cruel da crueldade é que desumaniza suas vítimas antes de destruí-las. E a mais dura das lutas é continuar humano em condições inumanas" (BAUMAN, Zygmunt. *Modernidade e holocausto*. Tradução de Marcus Penchel. Rio de Janeiro: Zahar, 1998. p. 237).

115 BAUMAN, Zygmunt; MAY, Tim. *Aprendendo a pensar com a sociologia*. Tradução de Alexandre Werneck. Rio de Janeiro: Zahar, 2010. p. 247.

1.3 Os novos contornos das relações de trabalho

As relações de trabalho não ficaram imunes às mudanças provocadas pelo advento da modernidade líquida. A maior transformação ocorrida foi o estabelecimento e a manutenção de vínculos frágeis e instáveis entre empregado e empregador. É bem verdade que "a vida laboral tem sido cheia de incertezas desde tempos imemoriais; mas a incerteza de hoje é de um tipo surpreendentemente novo".[116]

Ocorreu a passagem de uma mentalidade de "longo prazo" para a de "curto prazo", de modo análogo ao que foi narrado na esfera consumerista.[117] Nos domínios laborais, havia uma expectativa, que na maior parte das vezes se concretizava, de que o trabalhador passaria relevante período – quando não a totalidade – de sua carreira no emprego em que ingressara, pois era comum observar pessoas que se aposentavam tendo trabalhado a vida inteira para o mesmo empregador.[118]

Hodiernamente, os dois polos da relação de trabalho não esperam que esta dure muito tempo.[119] A título de exemplo, segundo pesquisas, um jovem americano com nível médio de estudo estima trocar de emprego cerca de 11 vezes durante sua carreira.[120] Em tempos de fluidez, não há nenhuma vantagem em formar vínculos por demais longos ou perpétuos. Flexibilidade passa a ser a virtude mais cobiçada:

> Num mundo de desemprego estrutural, ninguém pode se sentir seguro. Não existem mais empregos garantidos em companhias poderosas; nem existem muitas habilidades e experiências que, uma vez adquiridas, garantam que um emprego será oferecido e, uma vez oferecido, duradouro. Ninguém pode assumir racionalmente que está protegido contra a próxima sessão de "redimensionamento", "achatamento" ou "racionalização", contra giros erráticos da demanda de mercado

---

116 BAUMAN, Zygmunt. *A sociedade individualizada*: vidas contadas e histórias vividas. Tradução de José Gradel. Rio de Janeiro: Zahar, 2008. p. 36.

117 "De modo curioso, surpreendente, desconcertante, comprar a crédito é a única forma de compromisso a longo prazo que os habitantes do líquido mundo moderno não apenas toleram e defendem, mas assumem com satisfação" (BAUMAN, Zygmunt. *Vidas desperdiçadas*. Tradução de Carlos Alberto Medeiros. Rio de Janeiro: Zahar, 2005. p. 137). Para mais detalhes, ver item 1.1.2.

118 BAUMAN, Zygmunt. *A sociedade individualizada*: vidas contadas e histórias vividas. Tradução de José Gradel. Rio de Janeiro: Zahar, 2008. p. 34.

119 BAUMAN, Zygmunt. *A sociedade individualizada*: vidas contadas e histórias vividas. Tradução de José Gradel. Rio de Janeiro: Zahar, 2008. p. 35.

120 BAUMAN, Zygmunt. *Modernidade líquida*. Tradução de Plínio Dentzien. Rio de Janeiro: Zahar, 2001. p. 169.

> e pressões caprichosas, porém poderosas, por "competitividade" e "efetividade". "Flexibilidade" é a ordem do dia, pressagia empregos sem a segurança da titularidade embutida, com contrato sem prazo fixo e demissão sem aviso ou compensação.[121]

Sendo as relações de agora mais efêmeras, estas, assim que estabelecidas, já trazem em seu bojo espécies de "cláusulas de desfazimento".[122] Em outras palavras, "a partir do momento em que nascem, os compromissos são vistos e tratados como refugo em potencial. A fragilidade é, portanto, vista como uma vantagem deles".[123]

Nessa ótica, o modelo de empregado ideal seria alguém sempre pronto para alterar estratégias e posturas, sem delongas ou arrependimentos, apto a buscar outras oportunidades mais interessantes.[124]

Ademais, deve ser alguém cujo grau de "chateação" seja zero (*zero drag*).[125] O termo cunhado nas imediações do Vale do Silício, Estados Unidos da América, significa que tal empregado deve ser uma pessoa sem "vínculos, compromissos ou ligações emocionais anteriores, e que evite estabelecê-los agora".[126] Não deve representar nenhum potencial de incômodo, estando preparado para toda tarefa que seja passada, "abraçando novas prioridades e abandonando as adquiridas anteriormente".[127]

O panorama que se tem é da fragilidade dos vínculos formados. Em um mundo imprevisível, os indivíduos podem ser assim descritos: "nômades espertos e inteligentes, viajam leves e não derramarão lágrimas por qualquer coisa que impeça seus movimentos".[128] Os que não conseguirem se inserir terão o lixo como destino certo.

---

121 BAUMAN, Zygmunt. *A sociedade individualizada*: vidas contadas e histórias vividas. Tradução de José Gradel. Rio de Janeiro: Zahar, 2008. p. 197.

122 BAUMAN, Zygmunt. *Vidas desperdiçadas*. Tradução de Carlos Alberto Medeiros. Rio de Janeiro: Zahar, 2005. p. 115.

123 BAUMAN, Zygmunt. *Vidas desperdiçadas*. Tradução de Carlos Alberto Medeiros. Rio de Janeiro: Zahar, 2005. p. 115.

124 BAUMAN, Zygmunt. *Tempos líquidos*. Tradução de Carlos Alberto Medeiros. Rio de Janeiro: Zahar, 2007. p. 10.

125 BAUMAN, Zygmunt. *Vida para consumo*: a transformação das pessoas em mercadorias. Tradução de Carlos Alberto Medeiros. Rio de Janeiro: Zahar, 2008. p. 17.

126 BAUMAN, Zygmunt. *Vida para consumo*: a transformação das pessoas em mercadorias. Tradução de Carlos Alberto Medeiros. Rio de Janeiro: Zahar, 2008. p. 17.

127 BAUMAN, Zygmunt. *Vida para consumo*: a transformação das pessoas em mercadorias. Tradução de Carlos Alberto Medeiros. Rio de Janeiro: Zahar, 2008. p. 17.

128 BAUMAN, Zygmunt. *A sociedade individualizada*: vidas contadas e histórias vividas. Tradução de José Gradel. Rio de Janeiro: Zahar, 2008. p. 197.

Aqui, vale a ressalva de que, lamentavelmente, o desemprego tem se tornado algo cada vez menos transitório.[129] Tudo isso faz com que haja um senso de competitividade muito grande na sociedade:[130]

> No local de onde eu escrevo – e acho que também em outros lugares, como o Brasil –, a competição está cada vez mais individualizada. Essa competição é guiada por uma preocupação crescente com a sobrevivência física – ou a satisfação das necessidades biológicas primárias que os instintos de sobrevivência impõem. E também pelo poder de escolha individual: decidir quais são os seus objetivos e que tipo de vida cada qual quer viver. Exercer esses direitos parece ser o "dever" de todos.[131]

É notório que as situações que envolvem competitividade trazem consigo atitudes individualistas. Afinal, somente um felizardo será ovacionado como o vencedor. Só há espaço para uma única pessoa ocupar o lugar mais alto do pódio. O medo de não estar entre os primeiros colocados gera uma postura de ansiedade e insegurança. E é aí que uma desconfiança generalizada passa a influir todas as ações dos cidadãos. Todos, em regra, são potenciais inimigos, adversários em uma luta pela sobrevivência.

1.4 O sentimento de desconfiança que norteia as relações sociais

A vida social contemporânea é marcada pelo sentimento de ansiedade perene.[132] Há o medo latente de tudo: desemprego, violência

---

[129] BAUMAN, Zygmunt. *Confiança e medo na cidade*. Tradução de Eliana Aguiar. Rio de Janeiro: Zahar, 2009. p. 24-25; 82-83.

[130] A competitividade permeia toda a vida líquida. Até mesmo nos programas que deveriam ser de mero entretenimento, os *reality shows*, identifica-se o individualismo levado às últimas consequências: "Todos nos contam a mesma história: que ninguém, a não ser uns poucos vencedores solitários, é realmente indispensável, que uma pessoa só é útil a outra enquanto puder ser explorada, que a lata de lixo, último destino dos excluídos, é o futuro natural daqueles que não mais se ajustam ou não desejam ser explorados dessa maneira, que sobrevivência é o nome do jogo da convivência humana, e que o derradeiro propósito da sobrevivência é sobreviver aos outros" (BAUMAN, Zygmunt. *Vidas desperdiçadas*. Tradução de Carlos Alberto Medeiros. Rio de Janeiro: Zahar, 2005. p. 161).

[131] BAUMAN, Zygmunt. *Capitalismo parasitário e outros temas contemporâneos*. Tradução de Eliana Aguiar. Rio de Janeiro: Zahar, 2010. p. 77.

[132] "O mundo contemporâneo é um recipiente cheio até a borda de medo e frustração à solta que buscam desesperadamente válvulas de escape" (BAUMAN, Zygmunt. *Em busca da política*. Tradução de Marcus Penchel. Rio de Janeiro: Zahar, 2000. p. 22).

urbana, terrorismo,[133] catástrofes naturais, rejeição.[134] Essas ameaças abstratas geram insegurança e incerteza, que tomam conta do cidadão:

> Os medos agora são difusos, eles se espalharam. É difícil definir e localizar as raízes desses medos, já que os sentimos, mas não os vemos. É isso que faz com que os medos contemporâneos sejam tão terrivelmente fortes, e os seus efeitos sejam tão difíceis de amenizar. Eles emanam virtualmente em todos os lugares.[135]

Considerando que os locais em que é possível se sentir seguro estão constantemente encolhendo,[136] faz-se necessária a construção de fronteiras com vistas a impedir que pessoas indesejadas e perigosas coexistam nesse mesmo espaço.[137]

O contingente de "gente supérflua",[138] isto é, pessoas que não oferecem perspectivas de serem exploradas de modo profícuo, precisa ser eliminado do tecido social urbano. Os refugos devem permanecer no lugar que lhes é próprio: os depósitos de lixo.

A partir da figura do refugiado – encarnação do "lixo humano" –[139] é possível exprimir a existência de uma crescente suspeita que assombra todas as nações. O refugiado é guiado pela vontade de obter melhores condições de vida, anseio que parece razoável e legítimo. Afinal, "o

---

133 "Enquanto escrevo estas palavras, ainda não houve uma resposta do Judiciário à tática de 'atirar para matar' adotada pela polícia metropolitana – a mesma que, em sua primeira aplicação, levou à morte do brasileiro Jean Charles de Menezes, cuja única culpa foi ter sido (falsamente) identificado pela polícia como potencial homem-bomba e que, ao contrário da explicação *a posteriori*, jamais fugiu da polícia nem pulou a roleta. Na verdade, hoje em dia é preciso se precaver em relação aos novos atentados terroristas. Mas também precisamos olhar com suspeita os guardiões da ordem que podem nos tomar (equivocadamente) por um portador dessa ameaça [...]" (BAUMAN, Zygmunt. *Medo líquido*. Tradução de Carlos Alberto Medeiros. Rio de Janeiro: Zahar, 2008. p. 197).

134 BAUMAN, Zygmunt. *Medo líquido*. Tradução de Carlos Alberto Medeiros. Rio de Janeiro: Zahar, 2008.

135 BAUMAN, Zygmunt. *Capitalismo parasitário e outros temas contemporâneos*. Tradução de Eliana Aguiar. Rio de Janeiro: Zahar, 2010. p. 73.

136 BAUMAN, Zygmunt; MAY, Tim. *Aprendendo a pensar com a sociologia*. Tradução de Alexandre Werneck. Rio de Janeiro: Zahar, 2010. p. 156.

137 BAUMAN, Zygmunt. *Confiança e medo na cidade*. Tradução de Eliana Aguiar. Rio de Janeiro: Zahar, 2009. p. 75-76.

138 BAUMAN, Zygmunt. *Confiança e medo na cidade*. Tradução de Eliana Aguiar. Rio de Janeiro: Zahar, 2009. p. 80.

139 "Os refugiados são a própria encarnação do 'lixo humano', sem função útil a desempenhar na terra em que chegam e permanecerão temporariamente, e sem a intenção ou esperança realista de serem assimilados e incluídos no novo corpo social" (BAUMAN, Zygmunt. *Tempos líquidos*. Tradução de Carlos Alberto Medeiros. Rio de Janeiro: Zahar, 2007. p. 47).

desejo dos famintos de ir para onde a comida é abundante é o que naturalmente se esperaria de seres humanos racionais".[140] No entanto, considerando que o mundo está cheio, eles são vistos como inimigos que carregam consigo as chagas do seu local de origem. Sua presença causa desconforto. Se fosse possível, as classes mais abastadas provavelmente não hesitariam em eliminá-los em nome da própria sobrevivência.[141] Nesse sentido,

> A lição do Holocausto é a facilidade com que a maioria das pessoas, colocadas numa situação em que não existe boa escolha ou que a torna muito cara, arranja uma justificativa para escapar ao dever moral (ou não consegue aderir a ele), adotando em vez disso os preceitos do interesse racional e da autopreservação.[142]

Vive-se em um mundo competitivo e individualista, a ponto de que, se fossem removidos os elementos básicos da vida civilizada, em poucas horas ocorreria o retorno ao estado de natureza hobbesiano.[143]

A própria mídia tem cumprido um importante papel no sentido de incrementar desconfianças. Inúmeros potenciais infortúnios são veiculados de maneira sensacionalista. A título de reflexão, indaga-se, entre outras coisas: "Que computador foi danificado pelo sinistro '*bug* do milênio'? Quantas pessoas você conhece que foram vítimas dos ácaros de tapete? Quantos amigos seus morreram da doença da vaca louca?".[144]

O motivo dessa exploração demasiada é que o medo se torna um importante aliado na manutenção do mercado de consumo. Quando o medo líquido passa a nortear a rotina urbana, criam-se necessidades que precisam ser satisfeitas. Os que possuem condições financeiras

---

140 BAUMAN, Zygmunt. *Globalização*: as consequências humanas. Tradução de Marcus Penchel. Rio de Janeiro: Zahar, 1999. p. 84.

141 "Muitos, pessoas ou povos, podem chegar a pensar, consciente ou não, que 'cada estrangeiro é um inimigo'. Em geral, essa convicção jaz no fundo das almas como uma infecção latente; manifesta-se apenas em ações esporádicas e não coordenadas; não fica na origem de um sistema de pensamento. Quando isso acontece, porém, quando o dogma não enunciado se torna premissa maior de um silogismo, então, como último elo da corrente, está o Campo de Extermínio" (LEVI, Primo. *É isto um homem?* Tradução de Luigi Del Re. Rio de Janeiro: Rocco, 1988. p. 7).

142 BAUMAN, Zygmunt. *Modernidade e holocausto*. Tradução de Marcus Penchel. Rio de Janeiro: Zahar, 1998. p. 236.

143 A afirmação é de Timothy Garton Ash *apud* BAUMAN, Zygmunt. *Medo líquido*. Tradução de Carlos Alberto Medeiros. Rio de Janeiro: Zahar, 2008. p. 26.

144 BAUMAN, Zygmunt. *Medo líquido*. Tradução de Carlos Alberto Medeiros. Rio de Janeiro: Zahar, 2008. p. 14.

residem em condomínios fechados – guetos voluntários[145] –, trafegam em "veículos militares esportivos" e têm como destino preferido os *shopping centers*.[146] Já os pobres recebem o *status* de anomalia social e são tratados como párias.[147]

Na era em que "a forte tendência a sentir medo e a obsessão maníaca por segurança fizeram a mais espetacular das carreiras",[148] a confiança é suplantada pela suspeita universal. Há uma crença de que todos os laços sejam frágeis, precários, duvidosos até prova em contrário.[149]

A vida, então, é marcada por antinomias e ambiguidades,[150] que não podem ser eliminadas facilmente.[151] Isso porque não é possível "encontrar soluções locais para contradições globais".[152]

Ao que tudo indica, esse cenário revela um caminho sem volta, o qual influencia todas as esferas da vida. Seria ingênuo imaginar que o amor ficaria incólume a tantas mudanças. É o que será analisado no próximo tópico.

1.5 Amor líquido

Nos tópicos anteriores, foram explicitadas características típicas da vida que se leva em uma sociedade líquido-moderna, tais como a configuração atual das relações de consumo, os novos contornos das relações de trabalho e o sentimento de desconfiança que norteia as relações sociais.

---

145 "Os nossos guetos *voluntários* – sim, voluntários – são resultado da vontade de defender a própria segurança procurando somente a companhia dos semelhantes e afastando os estrangeiros" (BAUMAN, Zygmunt. *Confiança e medo na cidade*. Tradução de Eliana Aguiar. Rio de Janeiro: Zahar, 2009. p. 85).

146 BAUMAN, Zygmunt. *Tempos líquidos*. Tradução de Carlos Alberto Medeiros. Rio de Janeiro: Zahar, 2007. p. 18.

147 BAUMAN, Zygmunt. *Comunidade*: a busca por segurança no mundo atual. Tradução de Plínio Dentzien. Rio de Janeiro: Zahar, 2003. p. 108.

148 BAUMAN, Zygmunt. *Confiança e medo na cidade*. Tradução de Eliana Aguiar. Rio de Janeiro: Zahar, 2009. p. 13.

149 BAUMAN, Zygmunt. *Vidas desperdiçadas*. Tradução de Carlos Alberto Medeiros. Rio de Janeiro: Zahar, 2005. p. 115.

150 BAUMAN, Zygmunt. *Vidas desperdiçadas*. Tradução de Carlos Alberto Medeiros. Rio de Janeiro: Zahar, 2005. p. 116.

151 BAUMAN, Zygmunt. *Tempos líquidos*. Tradução de Carlos Alberto Medeiros. Rio de Janeiro: Zahar, 2007. p. 32.

152 BAUMAN, Zygmunt. *Confiança e medo na cidade*. Tradução de Eliana Aguiar. Rio de Janeiro: Zahar, 2009. p. 37.

Constatou-se que o consumo foi alçado ao *status* de política de vida. O consequente afã de comprar em demasia alterou a noção de tempo nas condutas humanas. O consumidor parece ser guiado por uma espécie de *carpe diem*: não tolera esperar pela satisfação de seus desígnios. Com o advento do cartão de crédito, o intervalo entre desejo e tempo é radicalmente encurtado. Tudo isso faz com que se viva segundo uma mentalidade de "curto prazo", tornando a modernidade líquida a era da cultura "agorista".

A "síndrome da impaciência", aliada à concessão exacerbada de crédito, fez com que o indivíduo simplesmente não mais aceitasse frustrações e adquirisse tudo o que quisesse. O imperativo de consumir se torna um fim em si mesmo, acelerando cada vez mais o descarte das mercadorias. Essa configuração social possui como produtos mais abundantes lixo e refugo. Até mesmo seres humanos integram a categoria de refugos, sendo tidos como inúteis, dispensáveis.

As relações laborais, por sua vez, são dominadas por um senso de individualidade e competição acirradas. Assim como ocorre na seara consumerista, aqui também há o governo da mentalidade de "curto prazo", já que o período em que um posto de trabalho é ocupado tem sido drasticamente diminuído. Vale dizer que tais alterações são encaradas com muita naturalidade. Com isso, tem-se que o vínculo entre empregado e empregador é bastante frágil, estando sempre propenso ao rompimento.

Outra marca indelével dos tempos líquidos é o sentimento de desconfiança generalizada perante tudo e todos. Há um medo difuso, abstrato, que permeia nossas tomadas de decisão. Em busca de segurança, os indivíduos procuram o isolamento e são pouco inclinados a se abrir para novas experiências que envolvam algum tipo de risco. Há uma acentuação do individualismo em detrimento da solidariedade para com o próximo. Afinal, "a solidariedade humana é a primeira baixa causada pelo triunfo do mercado consumidor".[153]

Assim como ocorreu nas esferas aludidas, a liquefação da sociedade também provocou expressivas mudanças na configuração dos relacionamentos afetivos contemporâneos.[154]

---

153 BAUMAN, Zygmunt. *Amor líquido*: sobre a fragilidade dos laços humanos. Tradução de Carlos Alberto Medeiros. Rio de Janeiro: Zahar, 2004. p. 96.

154 Interessante perceber como as esferas aludidas nesta pesquisa estão de fato conectadas, razão pela qual a alteração no interior de uma engendra automaticamente mudanças nas demais. Tome-se como exemplo a relação entre consumo e família descrita por Sullerot:

O amor nutrido no seio conjugal talvez seja o maior exemplo de algo que para existir precisa ser sólido e não volátil. Ao lado do próprio sentimento em si considerado, é fruto de um esforço paulatino, que exige dedicação, tolerância e respeito ao próximo – para alguns, até mesmo certa dose de autossacrifício. Amar pressupõe a vontade de partilhar as nuances da vida, criando aos poucos algo quase transcendental.[155] Bauman usa como metáfora do típico percurso de vida do amor a figura de uma árvore que dá frutos doces somente após alguns bons anos de "crescimento nada espetacular, assistido por uma série de cuidados de jardinagem dedicados, intensos e não raro desgastantes".[156]

Ocorre que a sociedade hodierna, como já dito, é uma sociedade de consumo, que privilegia comportamentos imediatistas e hedonistas. A valorização da satisfação instantânea tem como contrapartida o repúdio a tudo aquilo que exija esforços demorados.[157] Por essa razão, os compromissos duradouros são vistos na era líquida como focos de opressão, cujo engajamento contínuo produz uma situação de dependência degradante.[158]

O cenário contemporâneo passa, então, a ser caracterizado por parcerias "frouxas e eminentemente revogáveis",[159] plenamente mutáveis a qualquer momento. Tudo é analisado segundo uma ótica utilitarista típica da avaliação que se faz ao consumir mercadorias, como bem sintetizado por Bauman:

"A partir de cerca de 1965, a família deixa de ser a unidade de consumo. Os seus vários membros tornam-se em consumidores individuais, concorrentes, bombardeados por ofertas publicitárias, dirigidas a um público-alvo específico, que, desta forma, os individualizam. Não se trata simplesmente de vender produtos de beleza às mães, cigarros aos pais, cães de peluche às crianças e blusões aos filhos maiores – produtos estes oferecidos separadamente a cada um deles. É uma cultura de consumo individual, são confortos e divertimentos individuais, são tempos livres individuais, fora do lar e da família. Acabou o passeio ao domingo, a visita aos avós" (SULLEROT, Evelyne. *A família*: da crise à necessidade. Tradução de Rogério Alves. Lisboa: Instituto Piaget, 1997. p. 73).

155 BAUMAN, Zygmunt. *Vida a crédito*: conversas com Citali Rovirosa-Madrazo. Tradução de Alexandre Werneck. Rio de Janeiro: Zahar, 2010. p. 204.

156 BAUMAN, Zygmunt. *Vida a crédito*: conversas com Citali Rovirosa-Madrazo. Tradução de Alexandre Werneck. Rio de Janeiro: Zahar, 2010. p. 217.

157 BAUMAN, Zygmunt. *Amor líquido*: sobre a fragilidade dos laços humanos. Tradução de Carlos Alberto Medeiros. Rio de Janeiro: Zahar, 2004. p. 21-22.

158 BAUMAN, Zygmunt. *Amor líquido*: sobre a fragilidade dos laços humanos. Tradução de Carlos Alberto Medeiros. Rio de Janeiro: Zahar, 2004. p. 65.

159 BAUMAN, Zygmunt. *Amor líquido*: sobre a fragilidade dos laços humanos. Tradução de Carlos Alberto Medeiros. Rio de Janeiro: Zahar, 2004. p. 112.

> Consideradas defeituosas ou não "plenamente satisfatórias", as mercadorias podem ser trocadas por outras, as quais se espera que agradem mais, mesmo que não haja um serviço de atendimento ao cliente e que a transação não inclua a garantia de devolução do dinheiro. *Mas, ainda que cumpram o que delas se espera, não se imagina que permaneçam em uso por muito tempo.* Afinal, automóveis, computadores ou telefones celulares perfeitamente usáveis, em bom estado e em condições de funcionamento satisfatórias são considerados, sem remorso, como um monte de lixo no instante em que "novas e aperfeiçoadas versões" aparecem nas lojas e se tornam o assunto do momento. *Alguma razão para que as parcerias sejam consideradas uma exceção à regra?*[160]

Novamente temos o reflexo da mentalidade de "curto prazo", que, como visto, tanto influenciou as esferas de consumo e laborais. A solidez dos vínculos humanos, materializada em um compromisso de longo prazo, representa uma ameaça. O indivíduo se sente sufocado diante de um futuro em que vislumbra uma série de obrigações indesejadas que tolhem sua liberdade.[161]

Antony Giddens sintetizou esses preceitos cunhando a expressão "amor confluente".[162] A tradicional noção romantizada de amor, como uma parceria exclusiva regida pelo lema "até que a morte nos separe", é suplantada por uma concepção individualista em que a relação perdura cada vez menos. Em outras palavras, enquanto for estritamente conveniente.[163]

---

160 BAUMAN, Zygmunt. *Amor líquido*: sobre a fragilidade dos laços humanos. Tradução de Carlos Alberto Medeiros. Rio de Janeiro: Zahar, 2004. p. 28 (grifos nossos). Dito de outra maneira: "Os laços e parcerias são vistos [...] como coisas a serem *consumidas, não produzidas*; estão sujeitos aos mesmos critérios de avaliação de todos os outros objetos de consumo. No mercado consumidor, produtos ostensivamente duráveis são oferecidos por um 'período de teste' e a devolução do dinheiro é prometida se o comprador não estiver satisfeito. Se um parceiro é visto nestes termos, então não é mais tarefa de ambos os parceiros 'fazer o relacionamento funcionar' – fazê-lo funcionar nas boas e nas más situações, ajudar um ao outro ao longo dos trechos bons e ruins, podar, se necessário, as próprias preferências, fazer acordos e sacrifícios pelo bem da união duradoura. Em vez disso, é uma questão de obter satisfação com um produto pronto para ser usado; se o prazer derivado dele não se equipara ao padrão prometido e esperado ou se a novidade diminui gradualmente com a alegria, não existe razão para ficar com o produto inferior ou mais velho, ao invés de encontrar outro, 'novo e melhorado', na loja" (BAUMAN, Zygmunt. *A sociedade individualizada*: vidas contadas e histórias vividas. Tradução de José Gradel. Rio de Janeiro: Zahar, 2008. p. 199).

161 BAUMAN, Zygmunt. *Identidade*: entrevista a Benedetto Vecchi. Tradução de Carlos Alberto Medeiros. Rio de Janeiro: Zahar, 2005. p. 40.

162 BAUMAN, Zygmunt. *Identidade*: entrevista a Benedetto Vecchi. Tradução de Carlos Alberto Medeiros. Rio de Janeiro: Zahar, 2005. p. 71.

163 "De modo curioso, surpreendente, desconcertante, comprar a crédito é a única forma de compromisso a longo prazo que os habitantes do líquido mundo moderno não apenas

Diante disso, a sociedade se abre para as chamadas "novas possibilidades românticas".[164] São esquemas de "comprometimento *light* que minimizam a exposição a riscos".[165] Trata-se de um subterfúgio para lidar com a atual "compromissofobia" que vem se disseminando.[166] Tais relações não admitem uma enumeração taxativa dada *a priori*, haja vista a pluralidade admitida na construção de novas tipologias. De qualquer modo, um traço comum que pode ser identificado é a passagem do caráter sólido para o experimental.[167] É cada vez mais comum observar casais que não coabitam, possuindo uma vida mais independente. Passam a ser igualmente numerosos os relacionamentos ironicamente chamados de *time-share*, que se assemelham a sucessivos "pacotes de fim de semana". Com isso, o casamento à moda antiga é substituído pela coabitação (regida pelo cunho temporário do "vamos ver como funciona") e pelo "ficar juntos" em horário parcial e flexível.[168]

É importante salientar que algo determinante para o triunfo das parcerias mais flexíveis foi a purificação do conceito de sexo.[169] Diante do avanço de doenças sexualmente transmissíveis, passou a ser veiculada a ideia de que sexo seguro era sinônimo de sexo mediante a utilização de preservativos. Tão só. Isso enseja a ocorrência de encontros para fins puramente sexuais. E, "sem o peso do amor, o sexo é reduzido a uma descarga de tensão, na qual um parceiro é usado como meio essencialmente descartável para um fim".[170]

---

toleram e defendem, mas assumem com satisfação" (BAUMAN, Zygmunt. *Vidas desperdiçadas*. Tradução de Carlos Alberto Medeiros. Rio de Janeiro: Zahar, 2005. p. 137).

164 BAUMAN, Zygmunt. *Amor líquido*: sobre a fragilidade dos laços humanos. Tradução de Carlos Alberto Medeiros. Rio de Janeiro: Zahar, 2004. p. 27.

165 BAUMAN, Zygmunt. *A arte da vida*. Tradução de Carlos Alberto Medeiros. Rio de Janeiro: Zahar, 2009. p. 25-26.

166 BAUMAN, Zygmunt. *A arte da vida*. Tradução de Carlos Alberto Medeiros. Rio de Janeiro: Zahar, 2009. p. 25-26.

167 "Os esforços para estabelecer e estreitar os vínculos alinham uma sequência infinita de experimentos. Sendo experimentais, aceitos na base da tentativa e eternamente testados, sempre um provisório 'vamos esperar para ver como funcionam', não é provável que as alianças, compromissos e vínculos humanos se solidifiquem o suficiente para serem proclamados confiáveis de maneira verdadeira e integral. Nascidos da suspeita, geram suspeita" (BAUMAN, Zygmunt. *Vidas desperdiçadas*. Tradução de Carlos Alberto Medeiros. Rio de Janeiro: Zahar, 2005. p. 115).

168 BAUMAN, Zygmunt. *Amor líquido*: sobre a fragilidade dos laços humanos. Tradução de Carlos Alberto Medeiros. Rio de Janeiro: Zahar, 2004. p. 54.

169 BAUMAN, Zygmunt. *Amor líquido*: sobre a fragilidade dos laços humanos. Tradução de Carlos Alberto Medeiros. Rio de Janeiro: Zahar, 2004. p. 69.

170 BAUMAN, Zygmunt; MAY, Tim. *Aprendendo a pensar com a sociologia*. Tradução de Alexandre Werneck. Rio de Janeiro: Zahar, 2010. p. 144.

Ainda sobre o sexo na contemporaneidade, vale dizer que a purificação o tornou um interessante nicho de mercado que rende quantias vultosas todos os anos.[171] Dessa maneira, a tendência é que a atividade sexual seja cada vez mais estimulada[172] e posta como algo primordial para a vida dos cidadãos. Considerando que o amor é uma conquista, em geral longa e trabalhosa, parece interessante a existência de relacionamentos que ofereçam as benesses de uma união sem, no entanto, demandar uma estrita reciprocidade em troca.[173]

Outro fator que tem contribuído para a formação e a manutenção de vínculos humanos frágeis é o sentimento de insegurança propagado na sociedade líquida, o qual atinge seu ápice na seara dos relacionamentos amorosos.

O amor é, por essência, o maior reduto da insegurança. Há quem o conceba como uma espécie de "hipoteca baseada num futuro incerto e inescrutável".[174] Uma união sempre revela aos poucos novas nuances sobre o parceiro e sobre a própria convivência, sendo impossível proceder antecipadamente um inventário de seus efeitos. Esse é um campo isento de garantias.

Importa assinalar que, enquanto o início do vínculo amoroso pressupõe a anuência mútua do casal, seu rompimento pode ser oriundo da vontade de apenas um dos parceiros. Caberá ao outro unicamente aceitar a rejeição sofrida. Por isso, há sempre certa dose de ansiedade nos parceiros, os quais reiteradamente se questionam silenciosamente: "e se a outra pessoa se aborrecer antes de mim?".[175] Nesse sentido, não admira que as tensões criadas pelos laços afetivos conjugais estejam

---

171 LINDSTROM, Martin. *Sex, branding and profits*. Disponível em: http://www.brandingstrategyinsider.com/2008/09/naked-branding.html. Acesso em: 13 dez. 2010.

172 "Todas as formas de atividade sexual são não apenas toleradas, mas frequentemente indicadas como terapias úteis para uma ou outra forma de enfermidade psicológica, e cada vez mais aceitas como vias legítimas na busca individual da felicidade, sendo estimulada a sua exibição em público" (BAUMAN, Zygmunt. *Amor líquido*: sobre a fragilidade dos laços humanos. Tradução de Carlos Alberto Medeiros. Rio de Janeiro: Zahar, 2004. p. 75).

173 BAUMAN, Zygmunt; MAY, Tim. *Aprendendo a pensar com a sociologia*. Tradução de Alexandre Werneck. Rio de Janeiro: Zahar, 2010. p. 141.

174 BAUMAN, Zygmunt. *Amor líquido*: sobre a fragilidade dos laços humanos. Tradução de Carlos Alberto Medeiros. Rio de Janeiro: Zahar, 2004. p. 23.

175 BAUMAN, Zygmunt. *Identidade*: entrevista a Benedetto Vecchi. Tradução de Carlos Alberto Medeiros. Rio de Janeiro: Zahar, 2005. p. 72. Ainda: "Os parceiros não podem de fato contar com o outro, que pode amanhã declarar não se sentir mais disposto a partilhar a vida e conviver. Pode, talvez, 'precisar de mais espaço' e ir buscá-lo em outro lugar" (BAUMAN, Zygmunt; MAY, Tim. *Aprendendo a pensar com a sociologia*. Tradução de Alexandre Werneck. Rio de Janeiro: Zahar, 2010. p. 155).

elencadas como as principais causas que levam as pessoas a procurar profissionais especializados em aconselhamentos e terapias.[176]

O rompimento das relações amorosas tem sido encarado como um acontecimento tão natural, corriqueiro, a ponto de se falar em banalização.[177] Os laços são atados de maneira frouxa, de modo a facilitar a maneira como serão desfeitos, poupando os indivíduos de longas esperas.[178] Desse modo, assiste-se hoje a um aumento cada vez mais expressivo de relacionamentos tidos como "natimortos, inadequados, inválidos ou inviáveis, nascidos com a marca do descarte iminente".[179]

A principal característica do amor líquido vem a ser a ambiguidade surgida entre dois anseios que dificilmente serão satisfeitos concomitantemente: pertencimento e individualidade.[180] Ao mesmo tempo que o indivíduo deseja fugir da solidão e estar inserido em algum tipo de parceria, não aceita sem grandes resistências abrir mão de sua tão sagrada liberdade. O problema é que a satisfação de uma dessas necessidades, em regra, engendra a insatisfação de outra.

Diante desse impasse, os relacionamentos virtuais também têm ganhado bastante espaço. As vantagens que oferecem são várias: (i) a desnecessidade de um engajamento *full time e* da obrigação de estar sempre disponível para o outro;[181] (ii) a possibilidade de flertar com muitos parceiros de forma incrivelmente rápida; (iii) a facilidade no ato de rompimento do laço eletrônico, uma vez que é possível terminar instantaneamente, com um mero *click*, sem que haja confusão ou remorsos. No entanto, a título de contraponto, ressalta-se que tais

---

[176] Nesse sentido ver: BAUMAN, Zygmunt; MAY, Tim. *Aprendendo a pensar com a sociologia*. Tradução de Alexandre Werneck. Rio de Janeiro: Zahar, 2010. p. 141; e BAUMAN, Zygmunt. *Amor líquido*: sobre a fragilidade dos laços humanos. Tradução de Carlos Alberto Medeiros. Rio de Janeiro: Zahar, 2004. p. 9.

[177] Para ilustrar essa questão, ressalta-se que em Londres são vendidos em diversos estabelecimentos "*kits* divórcio", que custam £7,49 (BAUMAN, Zygmunt. *Comunidade*: a busca por segurança no mundo atual. Tradução de Plínio Dentzien. Rio de Janeiro: Zahar, 2003. p. 116).

[178] BAUMAN, Zygmunt. *Amor líquido*: sobre a fragilidade dos laços humanos. Tradução de Carlos Alberto Medeiros. Rio de Janeiro: Zahar, 2004. p. 7.

[179] BAUMAN, Zygmunt. *Vidas desperdiçadas*. Tradução de Carlos Alberto Medeiros. Rio de Janeiro: Zahar, 2005. p. 15.

[180] BAUMAN, Zygmunt; MAY, Tim. *Aprendendo a pensar com a sociologia*. Tradução de Alexandre Werneck. Rio de Janeiro: Zahar, 2010. p. 148.

[181] BAUMAN, Zygmunt. *Amor líquido*: sobre a fragilidade dos laços humanos. Tradução de Carlos Alberto Medeiros. Rio de Janeiro: Zahar, 2004. p. 86.

relações "tendem a ser mais fracas e superficiais do que as laboriosamente construídas na vida real, 'off-line'".[182]

Outra modalidade relacional que se desenvolve na sociedade hedonista e resistente à frustração sob o preceito de se aproximar e obter prazer sem se comprometer é o "ficar com".[183] Segundo a psicóloga Jaqueline Cavalcanti, o "ficar com" serve para matar a carência do indivíduo, que não está, na maior parte das vezes, preocupado com a satisfação das expectativas do outro parceiro. O "ficante"[184] é tratado como mero objeto, sujeito a trocas a qualquer momento.[185]

O ato de viver intensamente com outra pessoa – o "ficar com" engendra troca de carícias e, por vezes, relações sexuais – sem, no entanto, haver a configuração de um relacionamento entre o par é algo que pode ser descrito como uma "intimidade não íntima".[186] Para Jaqueline Cavalcanti, essa ambivalência não ocorre por acaso. Trata-se de uma das "saídas que o brasileiro encontrou para driblar as normas, burlar as leis, sem entrar em conflito aberto com elas".[187]

De modo análogo, o namoro – objeto deste estudo – também pode ser enquadrado no rol de uniões que não geram, por si só, efeitos jurídicos. Justamente por essa razão, tem sido amplamente adotado por casais que desejam viver o amor líquido-moderno.[188] Afinal, como disse

---

182 BAUMAN, Zygmunt. *Vida a crédito*: conversas com Citali Rovirosa-Madrazo. Tradução de Alexandre Werneck. Rio de Janeiro: Zahar, 2010. p. 212.

183 CHAVES, Jaqueline Cavalcanti. *"Ficar com"*: um estudo sobre um código de relacionamento no Brasil. 3. ed. Rio de Janeiro: Revan, 2001. p. 12-14; 34.

184 "O 'ficante' é um indivíduo pertencente a uma cultura sexual erotizada ao máximo, caracterizada pelo esvaziamento da ética, pela influência da mídia, pela banalização do sensível, pela espetacularização da vida cotidiana, pela estereotipia e pela estetização generalizada. Um indivíduo que, bombardeado a todo instante por novos produtos de consumo, ideais, valores, modelos e categorias, é estimulado a consumir-usar-trocar. Um indivíduo que busca o prazer e que, simultaneamente, procura dar conta da sua desorientação" (CHAVES, Jaqueline Cavalcanti. *"Ficar com"*: um estudo sobre um código de relacionamento no Brasil. 3. ed. Rio de Janeiro: Revan, 2001. p. 65-66).

185 CHAVES, Jaqueline Cavalcanti. *"Ficar com"*: um estudo sobre um código de relacionamento no Brasil. 3. ed. Rio de Janeiro: Revan, 2001. p. 36; 67.

186 CHAVES, Jaqueline Cavalcanti. *"Ficar com"*: um estudo sobre um código de relacionamento no Brasil. 3. ed. Rio de Janeiro: Revan, 2001. p. 37.

187 CHAVES, Jaqueline Cavalcanti. *"Ficar com"*: um estudo sobre um código de relacionamento no Brasil. 3. ed. Rio de Janeiro: Revan, 2001. p. 83.

188 O cunho dialético deste trabalho científico faz com que seja feito o esclarecimento de que, para alguns, o namoro deve ser repensado a fim de rechaçar o modo inconsequente como tem sido encarado. Esse é o posicionamento defendido por Felipe Aquino, para quem o namoro, que tem como escopo o casamento, é o momento inicial em que a família é edificada. A vida sexual deve ser evitada pelo casal de namorados, pois estragaria os alicerces do compromisso (AQUINO, Felipe. *Namoro*. 35. ed. Lorena: Cléofas, 2009. p. 10; 13-14; 77; 110).

Eduardo Bittar, "se a família implica em responsabilidade, renúncia, abdicação e esforço, é evidente que esta ideia está na contramão da história do presente".[189]

Analisar-se-á, no capítulo seguinte, as nuances da doutrina intitulada "direito de família mínimo", a qual entende ser devida a menor intervenção possível do Estado nas relações familiares (ressalvadas hipóteses excepcionais). Ademais, serão vistos demais desdobramentos da matéria que redundam na necessidade de conferir aos particulares autonomia privada capaz de conferir possibilidades de escolhas que garantam a realização pessoal na esfera conjugal. Feito isso, far-se-á um estudo específico sobre o contrato de namoro, pesquisa ainda pioneira no ordenamento jurídico pátrio.

Interessantes, nesse sentido, os ensinamentos de Eduardo Bittar – os quais parecem mais acertados. O autor entende que o advento da modernidade líquida traz consigo progressos e retrocessos no campo da família e do amor. Por isso, seria descabida uma tentativa de avaliar positiva ou negativamente as transformações ocorridas. Ver: BITTAR, Eduardo Carlos Bianca. Modernidade líquida, relações instáveis. *Boletim IBDFAM*, n. 47, p. 3-4, nov./dez. 2007. Entrevista.

189 BITTAR, Eduardo Carlos Bianca. Família, sociedade e educação: um ensaio sobre individualismo, amor líquido e cultura pós-moderna. *Revista Brasileira de Direito das Famílias e Sucessões*, Porto Alegre; Belo Horizonte, out./nov. 2007.

CAPÍTULO 2

O DIREITO DE FAMÍLIA MÍNIMO

Liberdade, essa palavra que o sonho humano alimenta, não há ninguém que explique e ninguém que não entenda... (Cecília Meireles)

2.1 Amor líquido e direito de família mínimo

Com o fito de sustentar a possibilidade de estipulação de contratos de namoro no ordenamento jurídico pátrio, perquiriu-se no capítulo anterior a configuração das relações afetivas na atual sociedade líquido-moderna. Com base na obra de Zygmunt Bauman, conclui-se pelo império cada vez maior do chamado amor líquido.

Conforme delineado, o amor líquido é fruto das diversas vicissitudes que permeiam a sociedade capitalista em que se vive. Em síntese, pode-se dizer que os laços humanos atuais são marcados, em regra, por uma fluidez exacerbada, uma incerteza constante, que produz vínculos afetivos frágeis. Com isso, o relacionamento passa a ser encarado de maneira puramente utilitarista, de acordo com a lógica do consumo e do consequente descarte.

Feita essa radiografia do cenário social hodierno, cabe analisar as principais nuances do panorama jurídico que subjaz ao tema desta pesquisa, especialmente no que toca ao direito de família. O escopo deste capítulo é demonstrar que a doutrina civilista tem caminhado no sentido de assegurar às próprias pessoas a liberdade necessária para que estipulem o modo como pretendem desenvolver a esfera conjugal. Nesse sentido, a intervenção do Estado na seara da família deve ser mínima, ocorrendo apenas em casos excepcionais. Daí a expressão *direito de família mínimo*.

O amor líquido e o direito de família mínimo são, portanto, as duas premissas basilares que permitem o exame do contrato de namoro, servindo como verdadeiros sustentáculos dessa figura.

2.2 Direito de família mínimo e direito penal mínimo

Como a própria semelhança dos vocábulos sugere, o direito de família mínimo possui evidente inspiração na difundida teoria do direito penal mínimo.

A corrente de pensamento do direito penal mínimo teve sua origem na incorporação dos ideais sustentados pelas teorias criminológicas do século XX.[190] Importa frisar que nesse período o sistema penal caminhava para a crescente maximização da sanção penal, pois a legislação vinha sendo adotada como resposta universal para todas as condutas contrárias aos valores tidos como merecedores de proteção estatal.

Eis que, como contraponto, a doutrina minimalista propõe que o direito penal deve tutelar somente os bens jurídicos de maior relevância para o ser humano,[191] tais como vida, dignidade e sexualidade.[192]

A proposta de redução penal impede que haja criminalização de condutas de menor potencial ofensivo, na hipótese de serem consideradas insignificantes.[193] Com isso, evita-se a banalização da sanção penal, além de tornar esse ramo do direito mais eficaz.

---

[190] "O *Direito Penal mínimo* é expressão de princípios políticos e de princípios jurídicos que definem os fundamentos do programa de política criminal da *Criminologia crítica* para as sociedades capitalistas" (SANTOS, Juarez Cirino dos. *Direito penal*: parte geral. Curitiba: ICPC, Lumen Juris, 2006. p. 701).

[191] ROXIN, Claus. *Derecho penal*: parte general. Tradução da 2. ed. alemã de Diego-Manuel Luzón Pena, Miguel Diaz y García Conlledo e Javier de Vicente Remesal. Madrid: Civitas, 1997. t.1: Fundamentos. La estructura de la teoría del delito.

[192] ROXIN, Claus. *A proteção de bens jurídicos como função do direito penal*. Organização e tradução de André Luís Callegari e Nereu José Giacomolli. Porto Alegre: Livraria do Advogado, 2006.

[193] Toma-se como exemplo o furto de abóboras: "EMBARGOS DE DECLARAÇÃO. INEXISTÊNCIA DE OMISSÃO. REJEITADOS. A alegação dos representantes do Ministério Público que o colegiado foi omisso nos fundamentos jurídicos que possibilitaram a aplicação do princípio da insignificância não tem procedência. O acórdão, citando doutrina e jurisprudência, está motivado. Afinal, sabe-se, ou deveriam sabê-lo, que a ideia de afastar o direito penal desses fatos irrelevantes é uma criação da doutrina que vem sendo acolhida pelos tribunais. Não existem dispositivos legais a respeito. Embargos rejeitados. Unânime" (TJRS. 8ª Câmara Criminal. Embargos de Declaração nº 70007545148. Rel. Des. Sylvio Baptista, j. 19.11.2003).

O ponto de contato existente entre as duas teorias apresentadas é a adoção de uma principiologia que reclama a menor intervenção estatal possível, conferindo maior autonomia aos indivíduos.[194]

Registra-se na literatura jurídica brasileira uma única obra específica sobre direito de família mínimo. Na falta de outras referências mais elucidativas, atribui-se a Leonardo Barreto Moreira Alves[195] a autoria dessa expressão.

2.3 Da família transpessoal à família eudemonista

Consoante exposto no tópico anterior, a doutrina penalista cunhou uma teoria com o intento de minimizar o âmbito de atuação do direito penal, uma vez que esse ramo estava ganhando contornos excessivos. A judicialização em demasia deturpava a própria razão de ser do direito penal e representava verdadeiro óbice ao alcance de objetivos fundamentais estabelecidos por essa disciplina. Da mesma lógica não escapa o direito de família mínimo.

O Código Civil de 1916 (Lei nº 3.071/16) representou o triunfo de um arranjo familiar vincado pelo princípio da unidade,[196] que tinha na figura do marido o chefe soberano do grupo. A estrutura era hierarquizada, contemplando a desigualdade de gêneros e de funções. Às mulheres e aos filhos era atribuída posição consideravelmente menos nobre, pois "a autonomia, o poder de conformação do ser no mundo, residia apenas na figura do *pater familias*".[197]

Nessa ótica, cabia a cada integrante da família desempenhar um papel cujo *script* havia sido previamente definido pelo Estado legislador. Importa assinalar que o próprio *pátrio poder* sofria limitações na sua

---

[194] "A expressão direito de família mínimo é colhida do direito penal, seara na qual se presencia fenômeno semelhante, propugnando-se um direito penal mínimo, uma vez que o Estado somente deve utilizar o direito penal para tutelar os bens mais caros à sociedade (fragmentaridade) e como *extrema* ou *ultima ratio* (intervenção mínima propriamente dita), quando insuficiente a tutela promovida por outros instrumentos sociais, como a família, a coletividade, o direito administrativo, o direito civil etc." (ALVES, Leonardo Barreto Moreira. *Direito de família mínimo*: a possibilidade de aplicação e o campo de incidência da autonomia privada no direito de família. Rio de Janeiro: Lumen Juris, 2010. p. 144).

[195] ALVES, Leonardo Barreto Moreira. *Direito de família mínimo*: a possibilidade de aplicação e o campo de incidência da autonomia privada no direito de família. Rio de Janeiro: Lumen Juris, 2010.

[196] OLIVEIRA, José Lamartine Correa de; MUNIZ, Francisco José Ferreira. *Curso de direito de família*. 2. ed. Curitiba: Juruá, 1998. p. 323.

[197] TEIXEIRA, Ana Carolina Brochado; RODRIGUES, Renata de Lima. *O direito das famílias entre a norma e a realidade*. São Paulo: Atlas, 2010. p. 92.

margem de atuação. Não era facultado aos indivíduos desrespeitar os valores caros ao legislador da época,[198] por mais injustos que fossem (família patriarcal, matrimonial e com vistas à tutela do patrimônio). Entre vários, cita-se como exemplo o art. 358 desse diploma, segundo o qual não era juridicamente possível reconhecer os filhos (preconceituosamente chamados de) adulterinos.

Nessa esteira, impossível deixar de mencionar que até o advento da Lei nº 6.515, em 1977, não era permitido aos cônjuges dissolver a sociedade conjugal. Assim, não raro se observava a manutenção de relacionamentos em que o amor, o afeto e a vontade de conviver em comunhão com o outro já haviam acabado. É o que explicita Leonardo Barreto Moreira Alves:

> Inúmeros casais digladiavam-se, sequer dormiam no mesmo leito, chegavam até as vias de fato, mas permaneciam juntos para que não fosse rompida a decantada família. A influência da Igreja Católica era ainda muito forte, projetando-se também no mundo jurídico. Assim, o sacramento do matrimônio decorria da vontade de Deus e, "como o que o Criador reuniu não poderia o homem separar", os cônjuges deveriam permanecer juntos "até que a morte os separasse".[199]

Verifica-se, pois, que a entidade familiar era concebida como uma instituição indissolúvel. Conforme adverte Carlos Eduardo Pianovski Ruzyk, "a regra não protege o sujeito em relação, mas, sim, o papel familiar que esse sujeito ocupa".[200]

O excesso de regras cogentes[201] na regulação do direito de família dessa época fez com que parcela da doutrina afirmasse que esse ramo jurídico pertencia ao direito público,[202] tamanha a estatização da matéria.

---

198 LÔBO, Paulo Luiz Netto. Prefácio. *In*: GAGLIANO, Pablo Stolze; PAMPLONA FILHO, Rodolfo. *O novo divórcio*. São Paulo: Saraiva, 2010. p. 14.

199 ALVES, Leonardo Barreto Moreira. *Direito de família mínimo*: a possibilidade de aplicação e o campo de incidência da autonomia privada no direito de família. Rio de Janeiro: Lumen Juris, 2010. p. 52.

200 RUZYK, Carlos Eduardo Pianovski. *Famílias simultâneas*: da unidade codificada à pluralidade constitucional. Rio de Janeiro: Renovar, 2005. p. 21.

201 Afirmava Pontes de Miranda: "A grande maioria das normas de direito de família é composta de normas cogentes. Só excepcionalmente, em matéria de regime de bens, o Código Civil deixa margem à autonomia da vontade" (PONTES DE MIRANDA, Francisco Cavalcanti. *Tratado de direito privado*. 3. ed. Rio de Janeiro: Borsoi, 1971. v. 7. p. 189).

202 Por todos, ver a seguinte obra, que coloca a estatização como um dos novos rumos do direito de família: LEITE, Eduardo de Oliveira. *Direito civil aplicado*: direito de família. São Paulo: Revista dos Tribunais, 2005. v. 5. p. 33.

Interessante perceber que, após arquitetar e impor um modelo de família, o Estado fechava os olhos para eventuais abusos cometidos no seio do lar. Assim, "uma vez celebrado o matrimônio, ao Estado não era dado intervir na comunhão de vida estabelecida, ainda que a mesma fosse patriarcal e arbitrária".[203] [204]

Com o passar do tempo, inúmeras modificações experimentadas pela sociedade ensejaram sucessivas e radicais mudanças legislativas. Na impossibilidade de aludir a todas elas, cita-se apenas a emancipação da mulher e a introdução de métodos contraceptivos.[205] A Constituição Federal de 1988 certamente é a mais emblemática de todas, pois consagrou a igualdade entre cônjuges e entre filhos (havidos ou não do matrimônio), além de reconhecer demais arranjos familiares de igual dignidade.[206]

Não resta dúvida de que houve uma *repersonalização das relações de família*, conforme escreve Paulo Lôbo.[207] Nesse sentido, importa demonstrar que "não é mais o indivíduo que existe para a família e para o casamento, mas a família e o casamento existem para o seu desenvolvimento pessoal, em busca de sua aspiração à felicidade".[208] Evidentemente, essa *ratio* também se aplica às outras formas de família.

Dessa forma, a concepção institucional de família é superada pelo princípio eudemonista, centrado na realização pessoal dos membros. É essa a dicção da primeira parte do art. 226, §8º, da Constituição da

---

[203] TEIXEIRA, Ana Carolina Brochado; RODRIGUES, Renata de Lima. *O direito das famílias entre a norma e a realidade*. São Paulo: Atlas, 2010. p. 92.

[204] O Código Civil de 1916 destoa nesse ponto em relação ao *Code Napoléon* de 1804. Neste, havia a possibilidade de divórcio justamente para solucionar as hipóteses excepcionais em que o cometimento de excessos violentos tornasse insuportável a vida em comum. É o que se depreende do discurso preliminar ao Código Civil francês. Ver: PORTALIS, Jean-Etienne-Marie. *Discours préliminaire du premier projet de Code civil*. Paris: Voix de La cité, 1999. p. 33 e segs.

[205] DIAS, Maria Berenice. *Manual de direito das famílias*. 5. ed. rev., atual. e ampl. São Paulo: Revista dos Tribunais, 2009. p. 30.

[206] Além do casamento, a Constituição reconhece a união estável e a família monoparental nos seus arts. 226, §§3º e 4º, respectivamente. Sobre esse tema, cabe dizer que "dignidade não distingue sexo, idade, condição social ou tipo de vínculo conjugal" (CARBONERA, Silvana Maria. *Reserva de intimidade*: uma possível tutela da dignidade no espaço relacional da conjugalidade. Rio de Janeiro: Renovar, 2008. p. 295).

[207] LÔBO, Paulo Luiz Netto. A repersonalização das relações de família. *Jus Navigandi*, Teresina, v. 9, n. 307, 10 maio 2004. Disponível em: http://jus.uol.com.br/revista/texto/5201. Acesso em: 3 jan. 2011.

[208] MICHEL, Andrée. Modèles sociologiques de la famille dans les societés contemporaines. *Archives de philosophie du droit: reforme du droit de la famille*, Paris, 1975. t. 20. p. 131-132 *apud* FACHIN, Luiz Edson. *Direito de família*: elementos críticos à luz do novo Código Civil brasileiro. Rio de Janeiro: Renovar, 2003. p. 31-32.

República: "o Estado assegurará a assistência à família na pessoa de cada um dos que a integram [...]". Tudo isso representa uma "grande *virada de Copérnico* na família contemporânea".[209]

Se ao longo do século XX o direito de família entra em crise, resta claro que novos princípios nortearão as entidades familiares contemporâneas. São eles: "Princípios fundamentais: (i) dignidade da pessoa humana; (ii) solidariedade; e, Princípios gerais: (iii) igualdade; (iv) liberdade; (v) afetividade; (vi) convivência familiar; (vii) melhor interesse da criança".[210]

Ainda segundo Paulo Lôbo,[211] a partir desse transcurso é possível concluir que a família não é célula do Estado, mas sim da sociedade civil. Nesse sentido dispõe o *caput* do art. 226[212] da Constituição de 1988 e do art. XVI, 3, da Declaração Universal dos Direitos do Homem.[213] Perceba-se que *merecer especial proteção estatal*, conforme dicção da lei, não significa conceder ao Estado monopólio da regulamentação da família.[214] Assim, o direito de família se insere no direito privado:[215]

> Portanto, o direito de família é genuinamente privado, pois os sujeitos de suas relações são entes privados, apesar da predominância das normas cogentes ou de ordem pública. Não há qualquer relação de

---

209 TEIXEIRA, Ana Carolina Brochado; RODRIGUES, Renata de Lima. *O direito das famílias entre a norma e a realidade*. São Paulo: Atlas, 2010. p. 94.

210 LÔBO, Paulo Luiz Netto. Princípios do direito de família brasileiro. *Revista Brasileira de Direito Comparado*, v. 1, n. 1, jul. 1982.

211 LÔBO, Paulo Luiz Netto. A repersonalização das relações de família. *Jus Navigandi*, Teresina, v. 9, n. 307, 10 maio 2004. Disponível em: http://jus.uol.com.br/revista/texto/5201. Acesso em: 3 jan. 2011.

212 "A família, base da sociedade, tem especial proteção do Estado".

213 "A família é o núcleo natural e fundamental da sociedade e tem direito à proteção da sociedade e do Estado".

214 ALVES, Leonardo Barreto Moreira. *Direito de família mínimo*: a possibilidade de aplicação e o campo de incidência da autonomia privada no direito de família. Rio de Janeiro: Lumen Juris, 2010. p. 137.

215 Sobre a dicotomia público x privado, fazemos nossas as seguintes palavras: "Por fim, alguns autores recorrem à unidade do ordenamento jurídico para fundamentar uma superação da dicotomia direito público/direito privado. Segundo eles, não seria mais aceitável a ideia de que a constituição é a lei do Estado e o direito civil é ordenamento da sociedade. Segundo essa corrente, a constitucionalização do direito civil seria uma demonstração de que a distinção entre direito público e direito privado não pode ser uma distinção rígida. Quanto a isso, não há dúvida. Mas entre inexistência de distinção rígida e superação da distinção há uma grande diferença [...]" (SILVA, Virgílio Afonso da. *A constitucionalização do direito*: os direitos fundamentais nas relações entre particulares. São Paulo: Malheiros, 2005. p. 173-174).

direito público entre marido e mulher, entre companheiros, entre pais e filhos, dos filhos entre si e dos parentes entre si.[216] [217]

A consequência salutar da privatização reside no fato de que, a partir do viés eudemonista, os componentes do grupo familiar passam a ter mais autonomia e liberdade.[218] Trata-se de algo de suma importância, pois, como assinalado por João Baptista Villela, a família não é criação do Estado ou da Igreja. Não se pode perder de vista que a família antecede o ente estatal e, nessa ótica, cabe ao ordenamento jurídico estar a serviço dos enlaces espontaneamente formados, não o contrário.[219] O mesmo autor sublinhou o equívoco de confundir a família (fato) com o direito de família (versão do fato): "o que chamamos *direito de família* é, na verdade, *direito da versão de família*: um construto elaborado sob a filtragem política e sagrada sob que captamos a instituição".[220]

Na atualidade,[221] o paradigma patriarcal é substituído por uma família dita solidarista, democrática.[222] Do patrimônio como valor

---

216 LÔBO, Paulo Luiz Netto. *Famílias*. São Paulo: Saraiva, 2008. p. 25.

217 No mesmo sentido: "O Direito de Família está integrado no Direito Civil – tem por objetivo a determinação das condições nas quais se formam, se originam e se extinguem as relações familiares. A ordenação concreta dessas relações jurídicas pertence ao Direito de Família. É, portanto, uma parte do Direito Civil, segundo a sistematização germânica adotada pelo nosso Código. O Direito de família vem assim a ter assento no Direito Privado" (OLIVEIRA, José Lamartine Correa de; MUNIZ, Francisco José Ferreira. *Curso de direito de família*. 2. ed. Curitiba: Juruá, 1998. p. 15).

218 TEIXEIRA, Ana Carolina Brochado. *Família, guarda e autoridade parental*. 2. ed. Rio de Janeiro: Renovar, 2009. p. 29.

219 VILLELA, João Baptista. Repensando o direito de família. *In*: PEREIRA, Rodrigo da Cunha (Coord.). *Repensando o direito de família*. Belo Horizonte: Del Rey, 1999. p. 19.

220 VILLELA, João Baptista. Repensando o direito de família. *In*: PEREIRA, Rodrigo da Cunha (Coord.). *Repensando o direito de família*. Belo Horizonte: Del Rey, 1999. p. 16.

221 Ao falar da atualidade, pode parecer um descuido omitir desta discussão o Código Civil de 2002. No entanto, o projeto do Código teve sua primeira redação apresentada antes mesmo da Lei do Divórcio, em 1975. Apesar das tentativas de atualizá-lo, especialmente em razão da Constituição de 1988, seu texto é insuficiente para reger a sociedade hodierna. Mais do que isso, as inúmeras reformas que o Código sofreu antes de entrar em vigor contribuíram para que a regulamentação das famílias fosse feita de forma retalhada e sem técnica. Portanto, para o escopo deste item, o que importa frisar é a adoção da concepção eudemonista, o que pode ser feito a partir da Constituição Federal. Sobre a insuficiência do Código Civil em matéria de família, alerta Fachin: "Fica, porém, aquém das possibilidades abertas pela Constituição Federal de 1988" (FACHIN, Luiz Edson. O impacto das mudanças sociais no direito de família (entre dois Brasis: do casamento codificado às famílias não "matrimonializadas" na experiência brasileira). *Boletim da Faculdade de Direito, Studia Juridica*. Colloquia 6, Coimbra, 2000. p. 17).

222 "Ora, a família democrática nada mais é do que a família em que a dignidade de seus membros, das pessoas que a compõem, é respeitada, incentivada e tutelada" (MORAES, Maria Celina Bodin de. A família democrática. *In*: MORAES, Maria Celina Bodin de. *Na*

fundamental passa-se à pessoa humana. O afeto surge como novo fundamento.[223] Com isso, ao lado das aspirações pessoais, há também ajuda mútua e diálogo.[224]

A concepção contemporânea de família é plural, de modo que toda tentativa de definição representaria, em última análise, uma limitação. Sob a ótica inversa, chega-se à mesma conclusão: "se a família é vária, essa multiplicidade impede que se dê uma definição jurídica de família".[225]

2.4 Crítica à judicialização dos conflitos familiares

Um aspecto que reforça a adoção de uma principiologia minimalista de direito de família é a crítica que se pode fazer à judicialização excessiva dos conflitos existentes nessa seara. Com efeito, as questões ligadas à família figuram como a terceira causa que motiva o cidadão brasileiro a buscar o Poder Judiciário. É o que demonstra a pesquisa feita pela Fundação Getúlio Vargas vertida no gráfico a seguir:

Gráfico 1 – Motivos para ter utilizado o Poder Judiciário – 3º trimestre de 2010

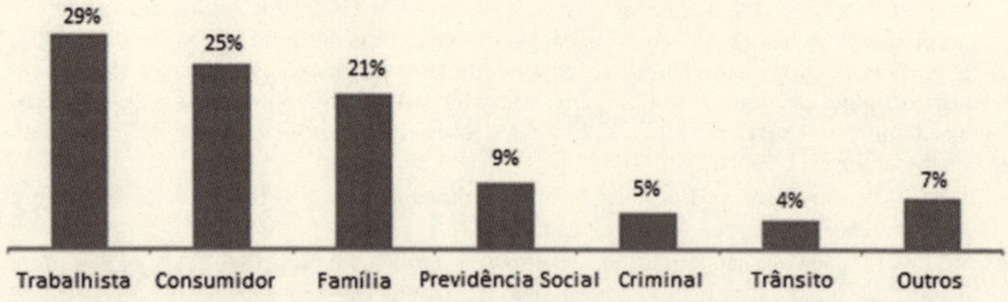

Fonte: FUNDAÇÃO GETÚLIO VARGAS. *Relatório Índice de Confiança na Justiça no Brasil – ICJBrasil*, 3º trimestre de 2010. Disponível em: http://virtualbib.fgv.br/dspace/bitstream/handle/10438/7727/RelICJBrasil3tri2010%27%27.pdf?sequence=3. Acesso em: 15 dez. 2010.

---

medida da pessoa humana: estudos de direito civil-constitucional. Rio de Janeiro: Renovar, 2010. p. 214).

223 CARBONERA, Silvana Maria. O papel jurídico do afeto nas relações de família. *In*: FACHIN, Luiz Edson. *Repensando fundamentos do direito civil brasileiro contemporâneo*. Rio de Janeiro: Renovar, 2000. p. 273-313.

224 TEIXEIRA, Ana Carolina Brochado. *Família, guarda e autoridade parental*. Rio de Janeiro: Renovar, 2009. p. 34.

225 MUNIZ, Francisco José Ferreira. *O direito de família na solução dos litígios*. Conferência proferida no XII Congresso Brasileiro de Magistrados (Belo Horizonte, 14 a 16 de novembro de 1991). Curitiba, 1992. p. 7.

Lamentavelmente, percebe-se que ainda há em nosso país uma cultura de, na maioria das vezes, submeter ao crivo do Poder Judiciário o deslinde desses casos. No entanto, a vivência dos profissionais militantes na área revela que a eleição dessa via nem sempre será o melhor caminho.

Em primeiro lugar, importa destacar que as demandas ocorridas no seio familiar se caracterizam por uma grande carga de envolvimento emocional. A sala de audiência muitas vezes serve de palco para o desenrolar de momentos dramáticos em que as partes expressam suas mágoas e ressentimentos. O problema reside no fato de que as Varas de Família não estão devidamente aparelhadas para fomentar o diálogo conciliador entre as partes. Não há uma estrutura capaz de levar isso a efeito.[226] Além da falta de um quadro de profissionais habilitados, o que mais serve de entrave é o tempo. Afinal, o magistrado, que possui uma gama inesgotável de processos, ainda precisa cumprir metas de produtividade.[227] Diante disso, as decisões proferidas acabam não cumprindo a função esperada. Nas palavras de Maria Berenice Dias:

> A sentença raramente produz o efeito apaziguador desejado pela justiça. Principalmente nos processos que envolvem vínculos afetivos, em que as partes estão repletas de temores, queixas e mágoas, sentimentos de amor e ódio se confundem. A resposta judicial jamais responde aos anseios de quem busca muito mais resgatar prejuízos emocionais pelo sofrimento de sonhos acabados do que reparações patrimoniais ou compensações de ordem econômica. Independentemente do término do processo judicial, subsiste o sentimento de impotência dos componentes do litígio familiar além dos limites jurídicos. O confortante sentido de justiça e de missão cumprida dos profissionais quando alcançam um acordo dá lugar à sensação de insatisfação diante dos desdobramentos das relações conflituosas.[228]

---

226 "A valorização excessiva da norma jurídica ainda é uma realidade que impede colocar sob proteção a família e seus conflitos, em razão da impossibilidade de o direito positivo regulamentar as singularidades de cada arranjo familiar" (DIAS, Maria Berenice. *Manual de direito das famílias*. 5. ed. rev., atual. e ampl. São Paulo: Revista dos Tribunais, 2009. p. 84).

227 Cite-se a mais emblemática de todas, a chamada "Meta 2", que tinha por objetivo "identificar os processos judiciais mais antigos e adotar medidas concretas para o julgamento de todos os distribuídos até 31.12.2005 (em 1º, 2º grau ou tribunais superiores)" (META 2. *CNJ*. Disponível em: http://www.cnj.jus.br/index.php?Itemid=963. Acesso em: 15 dez. 2010).

228 DIAS, Maria Berenice. *Manual de direito das famílias*. 5. ed. rev., atual. e ampl. São Paulo: Revista dos Tribunais, 2009. p. 83-84.

O processo judicial poderá representar um estímulo ao acirramento das diferenças entre os litigantes, tornando as partes "contendores de uma disputa, segundo o código binário de tudo ou nada, de certo ou errado, de inocente ou culpado".[229]

Ademais, cabe assinalar que a estrutura judiciária pátria tem recebido reiteradas manifestações de descrédito. Na pesquisa acima mencionada, apenas 33% dos entrevistados consideraram que o Poder Judiciário é confiável ou muito confiável. Vergonhosamente, o índice de confiabilidade no Judiciário só é maior que o do Congresso Nacional e dos partidos políticos[230] (instituições que são alvo, todos os dias, de denúncias e escândalos estampados nas folhas dos jornais).

Tamanho desabono também pode ser verificado dentro da classe dos advogados. Uma pesquisa feita com os profissionais que atuam na cidade de São Paulo revelou que, para a maioria dos entrevistados, a justiça brasileira é pouco eficiente, muito lenta e cara, consoante os dados a seguir:

Gráfico 2 – Índice de eficiência da justiça brasileira

Quanto à eficiência, para o(a) senhor(a) a justiça brasileira é:

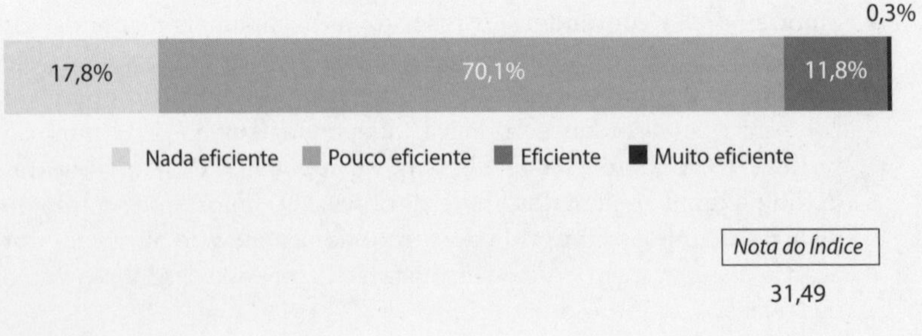

Fonte: ÍNDICE de eficiência da justiça brasileira. *Fundace*. Disponível em: http://www.fundace.Org.br/arquivos_diversos/ftp/indice_confianca_justica.pdf. Acesso em: 16 dez. 2010.

---

229 LÔBO, Paulo Luiz Netto. *Famílias*. São Paulo: Saraiva, 2008. p. 29.

230 FUNDAÇÃO GETÚLIO VARGAS. *Relatório Índice de Confiança na Justiça no Brasil* – ICJBrasil, 3º trimestre de 2010. Disponível em: http://virtualbib.fgv.br/dspace/bitstream/handle/10438/7727/RelICJBrasil3tri2010%27%27.pdf?sequence=3. Acesso em: 15 dez. 2010.

Gráfico 3 – Índice de rapidez na solução de litígios na justiça brasileira

Quanto à rapidez para a solução de litígios, para o(a) senhor(a) a justiça brasileira é:

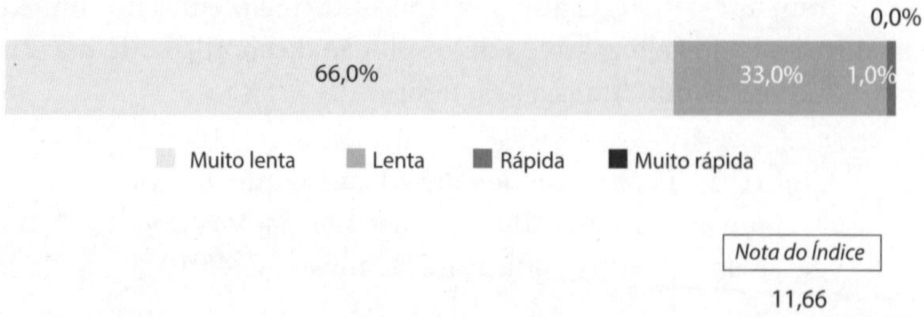

Fonte: ÍNDICE de rapidez na solução de litígios na justiça brasileira. *Fundace*. Disponível em: http://www.fundace.Org.br/arquivos_diversos/ftp/indice_confianca_justica.pdf. Acesso em: 16 dez. 2010.

Gráfico 4 – Índice de avaliação do custo para a solução de litígios na justiça brasileira

Quanto aos custos para a solução de litígios, para o(a) senhor(a) a justiça brasileira é:

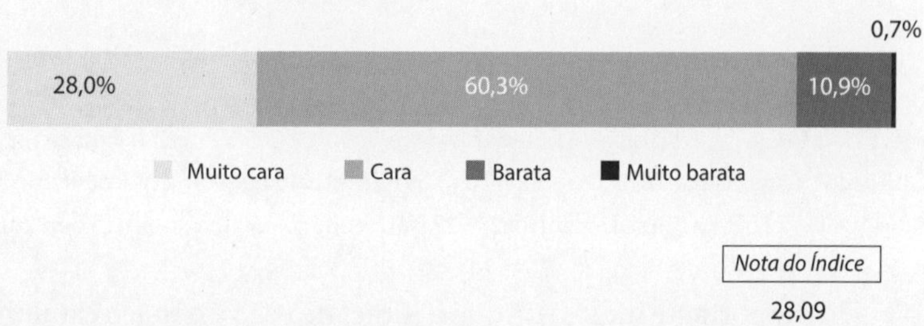

Fonte: ÍNDICE de avaliação do custo para a solução de litígios na justiça brasileira. *Fundace*. Disponível em: http://www.fundace.Org.br/arquivos_diversos/ftp/indice_confianca_justica.pdf. Acesso em: 16 dez. 2010.

De modo sintomático, percebe-se que a mediação familiar – como meio alternativo de resolução de conflito – vem ganhando cada vez mais espaço, uma vez que representa a possibilidade de solucionar os litígios de maneira mais democrática, enfrentando menos burocracia e demora, além de menor custo. Seu grande trunfo é possibilitar "a identificação das necessidades específicas de cada integrante da família, distinguindo funções, papéis e atribuições de cada um".[231] É o que vem ocorrendo, por exemplo, no estado de Santa Catarina, local em que essa técnica tem sido difundida e ofertada gratuitamente.[232] Conforme demonstram as estatísticas a seguir, apesar de incipientes no contexto brasileiro, os meios alternativos de resolução de conflitos, de maneira geral, estão recebendo índices satisfatórios de aceitação:

Gráfico 5 – Percentual de entrevistados que declaram que aceitariam utilizar meios alternativos de resolução de conflitos – 3º trimestre de 2010

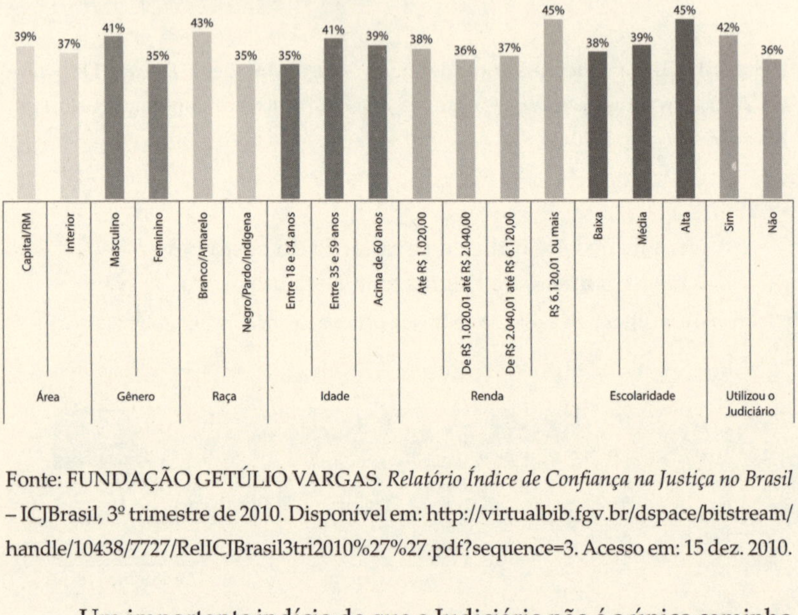

Fonte: FUNDAÇÃO GETÚLIO VARGAS. *Relatório Índice de Confiança na Justiça no Brasil* – ICJBrasil, 3º trimestre de 2010. Disponível em: http://virtualbib.fgv.br/dspace/bitstream/handle/10438/7727/RelICJBrasil3tri2010%27%27.pdf?sequence=3. Acesso em: 15 dez. 2010.

Um importante indício de que o Judiciário não é o único caminho possível para a solução de conflitos na seara familiar é o chamado divórcio pela via administrativa. Atualmente em vigor, o art. 1.124-A[233]

---

[231] DIAS, Maria Berenice. *Manual de direito das famílias*. 5. ed. rev., atual. e ampl. São Paulo: Revista dos Tribunais, 2009. p. 84.

[232] Para informações mais detalhadas, consultar: SERVIÇO de mediação familiar. *TJSC*. Disponível em: http://www.tj.sc.gov.br/ institucional/mediacaofamiliar/serv_mediacao.htm. Acesso em: 15 dez. 2010.

[233] "Art. 1.124-A. A separação consensual e o divórcio consensual, não havendo filhos menores ou incapazes do casal e observados os requisitos legais quanto aos prazos, poderão ser realizados por escritura pública, da qual constarão as disposições relativas à descrição e

do Código de Processo Civil, introduzido pela Lei nº 11.441/2007, permite que casais (sem filhos menores de idade ou incapazes) possam se divorciar por meio de escritura pública assinada em cartório. Nela podem constar todas as questões relacionadas ao fim do casamento, tais como a fixação de pensão alimentícia e a retomada do nome de solteiro dos cônjuges. Não há, nessa modalidade de divórcio, nenhuma participação do Judiciário, pois a escritura produz efeitos independentemente de homologação judicial.

A respeito do tema, destaca-se divulgação do Colégio Notarial do Brasil – Seção São Paulo (CNB-SP),[234] que observou um aumento de 109% no número de divórcios realizados por cartórios nesse estado em 2010. No ano de 2009 foram registrados 4.459 atos, enquanto que em 2010 foram 9.317 divórcios.

Também merece destaque a constatação do CNB de que o acréscimo de divórcios em 2010 foi impulsionado pela Emenda Constitucional nº 66, que extinguiu a obrigatoriedade da separação judicial. O número de separações despencou de 4.224 para 2.728 em 2010 de acordo com a mesma pesquisa.

Logo, ao que tudo indica, a tendência de evitar a judicialização das questões que envolvem a família é crescente.

2.5 Principais contornos do direito de família mínimo

2.5.1 O princípio da liberdade ou da não intervenção no direito de família

Cabe, neste momento, explicitar uma premissa básica do direito de família mínimo. Trata-se do princípio da liberdade ou da intervenção mitigada do Estado nessa seara.

à partilha dos bens comuns e à pensão alimentícia e, ainda, ao acordo quanto à retomada pelo cônjuge de seu nome de solteiro ou à manutenção do nome adotado quando se deu o casamento. §1º A escritura não depende de homologação judicial e constitui título hábil para o registro civil e o registro de imóveis. §2º O tabelião somente lavrará a escritura se os contratantes estiverem assistidos por advogado comum ou advogados de cada um deles ou por defensor público, cuja qualificação e assinatura constarão do ato notarial. §3º A escritura e demais atos notariais serão gratuitos àqueles que se declararem pobres sob as penas da lei".

234 NÚMERO de divórcios em cartórios de notas de São Paulo cresceu 109% no ano passado. *CNB-SP*, 2 fev. 2011. Disponível em: http://www.cnbsp.Org.br/Noticias_leiamais.aspx?NewsID=3099&TipoCategoria=1. Acesso em: 2 fev. 2011.

Percebe-se que a liberdade constitui um dos direitos mais caros ao ordenamento jurídico brasileiro. Tanto é assim que esse direito é garantido, de maneira ampla, pela Constituição Federal de 1988 no art. 5º, *caput*.[235]

O art. 1.513 do Código Civil brasileiro, ao estabelecer que "é defeso a qualquer pessoa, de direito público ou privado, interferir na comunhão de vida instituída pela família", consagra o princípio da liberdade no direito de família, também chamado de princípio da não intervenção.[236] Por conta da importância desse tema, também a Declaração Universal dos Direitos do Homem[237] proíbe interferência na vida familiar.[238] Salienta-se que até mesmo a Lei da Adoção (nº 12.010/2009) contemplou o princípio da não intervenção.[239]

Segundo a doutrina, o princípio da liberdade na família possui, essencialmente, duas vertentes: (i) a liberdade da entidade familiar perante o Estado e a sociedade; e (ii) a liberdade individual de cada membro diante dos demais e da própria família.[240]

Assim, quando há constituição, manutenção e extinção de uma entidade familiar, está presente o princípio da liberdade. É o que também ocorre no planejamento familiar (art. 226, §7º, da Constituição),[241] que é

---

[235] "Art. 5º Todos são iguais perante a lei, sem distinção de qualquer natureza, garantindo-se aos brasileiros e aos estrangeiros residentes no País a inviolabilidade do direito à vida, à liberdade, à igualdade, à segurança e à propriedade [...]".

[236] TARTUCE, Flávio. Novos princípios do direito de família brasileiro. *In*: TEIXEIRA, Ana Carolina Brochado; RIBEIRO, Gustavo Pereira Leite (Coord.). *Manual de direito das famílias e das sucessões*. Belo Horizonte: Del Rey, Mandamentos, 2008. p. 45.

[237] "Art. XII. Ninguém será sujeito a interferências na sua vida privada, na sua família, no seu lar ou na sua correspondência, nem a ataques à sua honra e reputação. Toda pessoa tem direito à proteção da lei contra tais interferências ou ataques".

[238] OLIVEIRA, José Lamartine Correa de; MUNIZ, Francisco José Ferreira. O estado de direito e os direitos de personalidade. *Revista dos Tribunais*, São Paulo, v. 532, fev. 1980. p. 23.

[239] "Art. 100. Na aplicação das medidas levar-se-ão em conta as necessidades pedagógicas, preferindo-se aquelas que visem ao fortalecimento dos vínculos familiares e comunitários. Parágrafo único. São também princípios que regem a aplicação das medidas: [...] VII - intervenção mínima: a intervenção deve ser exercida exclusivamente pelas autoridades e instituições cuja ação seja indispensável à efetiva promoção dos direitos e à proteção da criança e do adolescente".

[240] LÔBO, Paulo Luiz Netto. *Famílias*. São Paulo: Saraiva, 2008. p. 47.

[241] "Fundado nos princípios da dignidade da pessoa humana e da paternidade responsável, o planejamento familiar é livre decisão do casal, competindo ao Estado propiciar recursos educacionais e científicos para o exercício desse direito, vedada qualquer forma coercitiva por parte de instituições oficiais ou privadas". No mesmo sentido é o art. 1.565, §2º do Código Civil: "O planejamento familiar é de livre decisão do casal, competindo ao Estado propiciar recursos educacionais e financeiros para o exercício desse direito, vedado qualquer tipo de coerção por parte de instituições privadas ou públicas".

orientado pela livre decisão do casal e pela proibição de qualquer espécie de coerção por parte de instituições privadas ou públicas, conforme a dicção da lei.[242] Outro exemplo que poderia ser citado é a possibilidade de estipulação e alteração de regime de bens pelos nubentes.[243]

A decorrência da ordem principiológica aludida é que "a manutenção do liame familiar é deixada ao livre-arbítrio dos seus membros".[244] Em outras palavras, percebe-se que o ente estatal "não tem mais o poder, nem tampouco o direito de impor (normativamente) a união familiar, como fazia anteriormente através de uma legislação petrificada",[245] conforme visto no tópico 2.3.

Vale dizer que a liberdade, em um Estado Democrático de Direito, não pode ser concebida de modo ilimitado. Desde sua gênese ela já é conformada pela solidariedade constitucional (art. 3º, inc. I, CF de 1988).[246]

Nada obstante, constata-se a existência de dispositivos da codificação civil de 2002 que, ao violarem o princípio da liberdade, são considerados inconstitucionais. O mais emblemático deles é o art. 1641, inc. II, que impõe obrigatoriamente aos maiores de setenta anos o regime de separação de bens no casamento.[247] Verificam-se na doutrina, igualmente, críticas à proibição de renúncia do direito a alimentos,

---

[242] LÔBO, Paulo Luiz Netto. A repersonalização das relações de família. *Jus Navigandi*, Teresina, v. 9, n. 307, 10 maio 2004. Disponível em: http://jus.uol.com.br/revista/texto/5201. Acesso em: 3 jan. 2011.

[243] "Art. 1.639. É lícito aos nubentes, antes de celebrado o casamento, estipular, quanto aos seus bens, o que lhes aprouver. §1º O regime de bens entre os cônjuges começa a vigorar desde a data do casamento. §2º É admissível alteração do regime de bens, mediante autorização judicial em pedido motivado de ambos os cônjuges, apurada a procedência das razões invocadas e ressalvados os direitos de terceiros".

[244] OLIVEIRA, José Sebastião de. *Fundamentos constitucionais do direito de família*. São Paulo: RT, 2002. p. 281.

[245] OLIVEIRA, José Sebastião de. *Fundamentos constitucionais do direito de família*. São Paulo: RT, 2002. p. 281.

[246] "Art. 3º Constituem objetivos fundamentais da República Federativa do Brasil: I - construir uma sociedade livre, justa e solidária".

[247] A faixa etária de setenta anos foi estabelecida pela Lei nº 12.344, de 2010, tendo havido um aumento de dez anos em relação à dicção anterior. Sobre o tema, eis as manifestações contrárias da doutrina: "O alcance da imposição é flagrantemente inconstitucional, pois afronta um punhado de princípios: o da liberdade, da igualdade e o da dignidade. Isso para citar apenas alguns. Há decisões afastando dita heresia, mas são poucas. Com a lei, tendem a desaparecer, já que devem os juízes se curvar diante da mudança. Apesar de ter sido festejada, este é o real alcance da nova lei, que tem um conteúdo dos mais retrógrados. Chancela um absurdo. Quem sabe para não frustrar a expectativa de eventuais herdeiros, que avizinham a possibilidade de receber os bens do parente que, afinal, já está velho e não tem o direito de ser feliz" (DIAS, Maria Berenice. Mais 10! *IBDFAM*. Disponível em: http://www.ibdfam.Org.br/?artigos&artigo=702. Acesso em: 3 jan. 2011).

estampada no art. 1.707,[248] e aos impedimentos matrimoniais, previstos no art. 1.521.[249]

2.5.1.1 A cláusula geral de reserva de intimidade

Conforme delineado no tópico anterior, o art. 1.513 da codificação civil brasileira consigna o imperativo de não intervenção na comunhão de vida. Tendo isso presente, importa salientar que a doutrina sustenta a existência de uma cláusula geral de reserva de intimidade nesse mesmo dispositivo. É o que ensina Silvana Maria Carbonera:

> Em larga medida, tem-se no texto legal o que se poderia denominar de uma cláusula geral de reserva de intimidade, uma efetiva tutela que não implica necessariamente intervenção, tem como norte as diretivas gerais constitucionais e como objetivo a produção e o implemento de condições para o desenvolvimento das personalidades de cada um dos cônjuges num espaço relacional.[250]

O direito à intimidade, por conta de sua relevância, está disciplinado na Constituição de 1988.[251] Quando concebida na esfera familiar,

---

248 "Art. 1.707. Pode o credor não exercer, porém lhe é vedado renunciar o direito a alimentos, sendo o respectivo crédito insuscetível de cessão, compensação ou penhora". Sobre o tema, Leonardo Barreto Moreira Alves afirma: "Ora, não permitir que pessoas maiores e capazes decidam se abrem mão do direito a alimentos que titularizam ou não significa, sem sombra de dúvidas, desrespeito ao exercício da sua liberdade, do seu poder de autodeterminação. Se o próprio consorte alega que não necessita dos alimentos após a separação judicial, provavelmente em virtude de possuir condições financeiras para arcar com o seu próprio sustento, por que motivo o Estado haveria de interferir no âmago familiar, contrariando a vontade dos seus componentes, infantilizando-os?" (ALVES, Leonardo Barreto Moreira. *Direito de família mínimo*: a possibilidade de aplicação e o campo de incidência da autonomia privada no direito de família. Rio de Janeiro: Lumen Juris, 2010. p. 210). Em sentido contrário, ver: FACHIN, Luiz Edson. *Direito de família*: elementos críticos à luz do novo Código Civil brasileiro. Rio de Janeiro: Renovar, 2003. p. 302-303.

249 "Art. 1.521. Não podem casar: I - os ascendentes com os descendentes, seja o parentesco natural ou civil; II - os afins em linha reta; III - o adotante com quem foi cônjuge do adotado e o adotado com quem o foi do adotante; IV - os irmãos, unilaterais ou bilaterais, e demais colaterais, até o terceiro grau inclusive; V - o adotado com o filho do adotante; VI - as pessoas casadas; VII - o cônjuge sobrevivente com o condenado por homicídio ou tentativa de homicídio contra o seu consorte. Para Ana Carolina Brochado Teixeira e Renata de Lima Rodrigues, os impedimentos matrimoniais devem ser privatizados, uma vez que "o verdadeiro interesse público existente em seu interior é a ampla realização da dignidade dos componentes da família" (TEIXEIRA, Ana Carolina Brochado; RODRIGUES, Renata de Lima. *O direito das famílias entre a norma e a realidade*. São Paulo: Atlas, 2010. p. 112).

250 CARBONERA, Silvana Maria. *Reserva de intimidade*: uma possível tutela da dignidade no espaço relacional da conjugalidade. Rio de Janeiro: Renovar, 2008. p. 268-269.

251 "Art. 5º [...] X - São invioláveis a intimidade, a vida privada, a honra e a imagem das pessoas, assegurado o direito a indenização pelo dano material ou moral decorrente de sua violação".

a intimidade se torna condição para o livre desenvolvimento da pessoa, segundo as lições de Pietro Perlingieri.[252]

Logo, como já dito neste capítulo, não deve o legislador adentrar no conteúdo pessoal da relação jurídica familiar. Essa relação pertence à esfera íntima dos sujeitos e, portanto, deve ser resguardada.[253]

A intervenção estatal se torna danosa por constranger os cidadãos, prejudicando o desenvolvimento da personalidade destes.[254] Ademais, deve-se ter claro que a exposição dos envolvidos no litígio familiar em nada contribui para a melhoria da sociedade e do ente estatal.

Diante dessas constatações, parece correto o entendimento de que, nas questões envolvendo intimidade, "o fio norteador exclusivo deve ser a autonomia privada",[255] princípio que será analisado em seguida.

2.5.2 O princípio da autonomia privada

O princípio da liberdade no campo do direito de família, anteriormente exposto, possui estreita relação com o princípio da autonomia privada.[256] Importa salientar que autonomia privada, comumente relacionada na esfera do direito obrigacional, possui dimensões amplas, as quais alcançam inclusive o direito de família. Nesse sentido, nota-se:

> a expressão "autonomia privada" deve ser entendida não mais apenas como liberdade contratual, sob uma acepção patrimonialista, mas no seu sentido mais amplo: como a manifestação do poder da vontade individual, ou melhor, como a manifestação da vontade do sujeito de direitos em relação a todos os atos da vida civil, sejam patrimoniais ou não patrimoniais.[257] [258]

---

252 PERLINGIERI, Pietro. *O direito civil na legalidade constitucional*. Tradução de Maria Cristina de Cicco. Rio de Janeiro: Renovar, 2008. p. 850.

253 CARBONERA, Silvana Maria. *Reserva de intimidade*: uma possível tutela da dignidade no espaço relacional da conjugalidade. Rio de Janeiro: Renovar, 2008. p. 297.

254 CARBONERA, Silvana Maria. *Reserva de intimidade*: uma possível tutela da dignidade no espaço relacional da conjugalidade. Rio de Janeiro: Renovar, 2008. p. 270.

255 TEIXEIRA, Ana Carolina Brochado. *Saúde, corpo e autonomia privada*. Rio de Janeiro: Renovar, 2010. p. 171.

256 TARTUCE, Flávio. Novos princípios do direito de família brasileiro. *In*: TEIXEIRA, Ana Carolina Brochado; RIBEIRO, Gustavo Pereira Leite (Coord.). *Manual de direito das famílias e das sucessões*. Belo Horizonte: Del Rey, Mandamentos, 2008. p. 45.

257 MORAES, Maria Celina Bodin de. Uma aplicação do princípio da liberdade. *In*: MORAES, Maria Celina Bodin de. *Na medida da pessoa humana*: estudos de direito civil-constitucional. Rio de Janeiro: Renovar, 2010. p. 191.

258 Também: "A autonomia privada não existe apenas em sede contratual, mas também na ótica familiar. Quando escolhemos, na *escalada do afeto* (conceito de Euclides de Oliveira),

A fundamentação dos atos de autonomia, conforme assevera Ana Carolina Brochado Teixeira, dependerá do tipo de situação: se for patrimonial, a fundamentação terá assento no princípio da livre iniciativa (art. 170, Constituição Federal); se existencial, no princípio da dignidade da pessoa humana (art. 1º, III, CF) e da liberdade (art. 5º, *caput*, CF).[259]

Além disso, vale dizer que a autonomia no campo familiar é concebida a partir de uma noção não publicista da família,[260] segundo a qual "reconhecer a família, contudo, não é apenas abrir-lhe espaço nas constituições e nos códigos, para, depois, sujeitá-la a regras de organização e funcionamento. É, antes, assegurar a sua faculdade de autonomia e, portanto, de auto-regramento".[261]

Para Leonardo Barreto Moreira Alves, o afeto possibilitaria o exercício da autonomia privada por parte dos membros da família, de maneira que cada indivíduo desfrute da liberdade necessária para realizar a sua própria dignidade, seu projeto pessoal de felicidade.[262]

É certo que a autonomia privada encontra limites delineados pelo ordenamento jurídico brasileiro. Assim como ocorre com seus fundamentos, também os limites desse princípio devem ser entendidos segundo a natureza existencial ou patrimonial da situação jurídica. Enquanto para esta o limite interno colocado será a solidariedade (exteriorizada pela função social), para aquela o limite será vincado pelos aspectos existenciais da solidariedade.[263]

Impende ressaltar que, embora seja desejada a redução da intervenção estatal, existem hipóteses excepcionais em que o Estado deverá desempenhar um papel ativo de ingerência na seara da família:

---

com quem ficar, com quem namorar ou com quem casar, estamos falando em autonomia privada" (TARTUCE, Flávio. *Direito civil*: direito de família. 4. ed. Rio de Janeiro: Forense; São Paulo: Método, 2010. v. 5. p. 41).

259 TEIXEIRA, Ana Carolina Brochado. *Saúde, corpo e autonomia privada*. Rio de Janeiro: Renovar, 2010. p. 141.

260 PERLINGIERI, Pietro. *O direito civil na legalidade constitucional*. Tradução de Maria Cristina de Cicco. Rio de Janeiro: Renovar, 2008. p. 1022-1023.

261 VILLELA, João Baptista. Repensando o direito de família. *In*: PEREIRA, Rodrigo da Cunha (Coord.). *Repensando o direito de família*. Belo Horizonte: Del Rey, 1999. p. 19.

262 ALVES, Leonardo Barreto Moreira. *Direito de família mínimo*: a possibilidade de aplicação e o campo de incidência da autonomia privada no direito de família. Rio de Janeiro: Lumen Juris, 2010. p. 139.

263 TEIXEIRA, Ana Carolina Brochado. *Saúde, corpo e autonomia privada*. Rio de Janeiro: Renovar, 2010. p. 185.

> Em verdade, o Estado somente deve interferir no âmbito familiar para efetivar a promoção dos direitos fundamentais dos seus membros – como a dignidade, a igualdade, a liberdade, a solidariedade, etc. –, e, contornando determinadas distorções, permitir o próprio exercício da autonomia privada dos mesmos, o desenvolvimento de sua personalidade e o alcance da felicidade pessoal de cada um deles, bem como a manutenção do núcleo afetivo. Em outras palavras, o Estado apenas deve utilizar-se do Direito de Família quando essa atividade implicar uma autêntica melhora na situação dos componentes da família.[264]

Logo, quando a situação familiar envolver sujeitos vulneráveis, se dará a "retirada do plano da vontade para migrar para a esfera dos deveres, da solidariedade",[265] no dizer de Ana Carolina Brochado Teixeira e Renata de Lima Rodrigues. Prosseguem as autoras nesse raciocínio afirmando que, "por um comando da igualdade substancial, pode se fazer necessário que o Estado intervenha, para garantir a dignidade da pessoa em condições de vulnerabilidade".[266]

São presumidamente vulneráveis, segundo os ditames constitucionais,[267] crianças, adolescentes e idosos.[268] A mulher, especialmente devido aos lamentáveis incidentes de violência doméstica, também recebe tutela diferenciada do Estado por meio da Lei Maria da Penha (nº 11.340/2006), norma esta que densifica o art. 226, §8º, da Carta Magna.[269]

---

264 ALVES, Leonardo Barreto Moreira. *Direito de família mínimo*: a possibilidade de aplicação e o campo de incidência da autonomia privada no direito de família. Rio de Janeiro: Lumen Juris, 2010. p. 145.

265 TEIXEIRA, Ana Carolina Brochado; RODRIGUES, Renata de Lima. *O direito das famílias entre a norma e a realidade*. São Paulo: Atlas, 2010. p. 105.

266 TEIXEIRA, Ana Carolina Brochado; RODRIGUES, Renata de Lima. *O direito das famílias entre a norma e a realidade*. São Paulo: Atlas, 2010. p. 105.

267 "Art. 227. É dever da família, da sociedade e do Estado assegurar à criança, ao adolescente e ao jovem, com absoluta prioridade, o direito à vida, à saúde, à alimentação, à educação, ao lazer, à profissionalização, à cultura, à dignidade, ao respeito, à liberdade e à convivência familiar e comunitária, além de colocá-los a salvo de toda forma de negligência, discriminação, exploração, violência, crueldade e opressão (Redação dada pela Emenda Constitucional nº 65, de 2010) [...]"; e "Art. 230. A família, a sociedade e o Estado têm o dever de amparar as pessoas idosas, assegurando sua participação na comunidade, defendendo sua dignidade e bem-estar e garantindo-lhes o direito à vida. §1º Os programas de amparo aos idosos serão executados preferencialmente em seus lares. §2º Aos maiores de sessenta e cinco anos é garantida a gratuidade dos transportes coletivos urbanos".

268 TEIXEIRA, Ana Carolina Brochado; RODRIGUES, Renata de Lima. *O direito das famílias entre a norma e a realidade*. São Paulo: Atlas, 2010. p. 106.

269 "Art. 226. [...] §8º O Estado assegurará a assistência à família na pessoa de cada um dos que a integram, criando mecanismos para coibir a violência no âmbito de suas relações". Sobre o tema, consultar: MORAES, Maria Celina Bodin de. Vulnerabilidades nas relações

Tome-se como exemplo a situação hipotética em que a convivência com a figura paterna se tornou de grande periculosidade para a integridade psicofísica do filho menor. Nesse caso, o Estado deverá afastar o filho do pai. A autonomia privada deste cederá frente ao princípio da solidariedade.[270]

2.6 Notas derradeiras sobre o direito de família mínimo

Em síntese, pode-se dizer que a autonomia privada deve ser a regra geral para a condução das situações ocorridas no seio da conjugalidade. Contudo, havendo vulnerabilidade de um de seus membros, o Estado deverá intervir com vistas a garantir a dignidade da pessoa que se encontra em condições vulneráveis. Do plano da vontade transmuta-se para o plano dos deveres impostos pela solidariedade constitucional.[271]

Observa-se, portanto, que os princípios da autonomia e da dignidade da pessoa humana estão intimamente ligados, uma vez que "o princípio moderno da dignidade exige que todos os indivíduos sejam igualmente respeitados em suas liberdades, para que possam, autonomamente, construir-se a si mesmos, a agir segundo seus próprios valores".[272]

Na mesma esteira, frise-se que, diferentemente do que ocorre na relação contratual – em que a autonomia privada deve ser mitigada para a promoção da dignidade da pessoa humana[273] –, no campo do direito de família é o exercício da autonomia privada que garante o respeito à vida digna.

Na questão específica do contrato de namoro, assim como nos demais casos de conjugalidade, caberia tão só às partes envolvidas

---

de família: o problema da desigualdade de gênero. *Cadernos da Escola Judicial do TRT da 4ª Região*, v. 3, p. 20-33, 2010.

[270] TEIXEIRA, Ana Carolina Brochado. Haveria alternativas jurídicas frente à irresponsabilidade parental? *Boletim IBDFAM*, Belo Horizonte, n. 50, maio/jun. 2008.

[271] TEIXEIRA, Ana Carolina Brochado; RODRIGUES, Renata de Lima. *O direito das famílias entre a norma e a realidade*. São Paulo: Atlas, 2010. p. 105.

[272] TEIXEIRA, Ana Carolina Brochado. *Saúde, corpo e autonomia privada*. Rio de Janeiro: Renovar, 2010. p. 194.

[273] NALIN, Paulo. *Do contrato*: conceito pós-moderno (em busca de sua formulação na perspectiva civil-constitucional). 2. ed. Curitiba: Juruá, 2006 e NALIN, Paulo. A autonomia privada na legalidade constitucional. *In*: NALIN, Paulo (Coord.). *Contrato & sociedade*. Curitiba: Juruá, 2006. v. 2. p. 13-45.

resolver autonomamente os rumos do relacionamento, consoante lição a seguir:

> Com uma atuação não interventora mas vigilante, o sistema jurídico permite implementar o respeito à dignidade da pessoa humana na dimensão familiar conjugal na medida em que reconhece aos sujeitos liberdade e autonomia, não intervindo em aspectos pessoais que impliquem restrição injustificada, sem respaldo constitucional, e dispensável, posto que se trata de uma relação entre dois adultos, que em tese já podem dirigir suas vidas.[274]

A evolução da doutrina civilista tem revelado, pelas razões já expostas, que nessa matéria a consciência individual dos sujeitos envolvidos não pode ser substituída pela ingerência estatal, sob pena de promover "a desresponsabilização e a infantilização dos indivíduos, reduzindo-se, na mesma proporção, o nível de liberdade na sociedade".[275]

Portanto, a atuação do Estado deve ser pautada pela figura de "um pai diligente nos cuidados com os filhos: nem proteção excessiva que não permita amadurecimento e tampouco ausência completa, que expõe a riscos e excessos".[276]

A regra de ouro estaria em "atribuir ao Estado a garantia e ao homem a construção da família".[277]

---

[274] CARBONERA, Silvana Maria. *Reserva de intimidade*: uma possível tutela da dignidade no espaço relacional da conjugalidade. Rio de Janeiro: Renovar, 2008. p. 271.

[275] MORAES, Maria Celina Bodin de. Uma aplicação do princípio da liberdade. *In*: MORAES, Maria Celina Bodin de. *Na medida da pessoa humana*: estudos de direito civil-constitucional. Rio de Janeiro: Renovar, 2010. p. 189.

[276] CARBONERA, Silvana Maria. *Reserva de intimidade*: uma possível tutela da dignidade no espaço relacional da conjugalidade. Rio de Janeiro: Renovar, 2008. p. 271.

[277] VILLELA, João Baptista. Liberdade e família. *Revista da Faculdade de Direito da UFMG*, Belo Horizonte, 1985. p. 40.

CAPÍTULO 3

O CONTRATO DE NAMORO

3.1 Considerações iniciais sobre o contrato de namoro

> *Tenho insistido com meus pacientes descasados: 'Namorem primeiro!*
> *Declarem o estado de test drive!. Utilizando a metáfora da compra do carro, penso que o namoro deve ser um período laboratorial, experimental de uma relação, como o período em que se dirige um carro para testá-lo, para saber se não houve propaganda enganosa, para não comprá-lo às cegas. Vamos acabar com o namoro pacote-fechado, cheio de regras de devoção, primeiro passo de uma linha de montagem inexorável que acaba em casamento. Que os namorados pensem juntos nas cláusulas de um contrato de namoro feito sob medida para eles. E que esse contrato seja leve.*
> (Francisco Daudt da Veiga)

Conforme demonstrado no primeiro capítulo deste trabalho, a liquefação da sociedade provocou expressivas transformações na configuração dos relacionamentos afetivos contemporâneos.

Sendo essencialmente marcada pelo triunfo do consumo como política de vida, a sociedade atual convive com parcerias conjugais que tendem a ser pautadas por sensos de imediatismo e hedonismo. A tradicional visão romantizada "até que a morte os separe" é substituída pela possibilidade de revogação do laço afetivo a qualquer momento.

Fundados em uma premissa de comprometimento *light*, esses novos arranjos valorizam a satisfação das pessoas no tempo presente, independentemente de quais serão os desdobramentos futuros – se é que existirão.

Em síntese, pode-se dizer que nessas espécies de relacionamento a prioridade está, egoisticamente, na satisfação de expectativas pessoais de cada indivíduo que compõe o casal e não na construção de um projeto familiar comum. De acordo com a psicóloga Terezinha Féres-Carneiro, o fascínio e a dificuldade de ser casal está na contemplação concomitante de duas individualidades e uma conjugalidade. Em outras palavras, "Como ser dois sendo um? Como ser um sendo dois? Na lógica do casamento contemporâneo, um e um são três, na expressão de Philippe Caillé".[278]

Diante disso, importa salientar a advertência feita por Luiz Edson Fachin de que aquele que observar os novos álbuns de família se defrontará com novos afazeres epistemológicos e certos paradoxos. Ainda, segundo o jurista, o modelo contemporâneo de família poderia ser definido como a ausência de um único modelo.[279]

Para que não restem dúvidas, observa-se no gráfico a seguir que, segundo os dados fornecidos pelo Instituto Brasileiro de Geografia e Estatística – IBGE, há sensível alteração no perfil das famílias. Enquanto o número de famílias unipessoais e de casais sem filhos aumentou entre os anos de 2001 a 2009, nesse mesmo período o contingente de casais com filhos diminuiu consideravelmente e o total de famílias compostas por mulheres sem cônjuges e com filhos (família monoparental) permaneceu praticamente o mesmo:

[278] FÉRES-CARNEIRO, Terezinha. *Casamento contemporâneo*: o difícil convívio da individualidade com a conjugalidade. Disponível em: http://www.scielo.br/scielo.php?script=sci_arttext&pid=S0102-79721998000200014&lng=pt &nrm=iso&tl. Acesso em: 15 dez. 2010.

[279] Afinal, "Convivem, para ilustrar, na família sociológica plural, o *living apart togheter*, o *long-distance marriage* e a concepção eudemonista da família" (FACHIN, Luiz Edson. Da função pública ao espaço privado: aspectos da "privatização" da família no projeto do "Estado Mínimo". *In*: MARQUES NETO, Agostinho Ramalho *et al*. *Direito e neoliberalismo*: elementos para uma leitura interdisciplinar. Curitiba: EDIBEJ, 1996. p. 150).

Gráfico 6 – Tipos de família 2001-2009, Instituto Brasileiro de Geografia e Estatística – IBGE

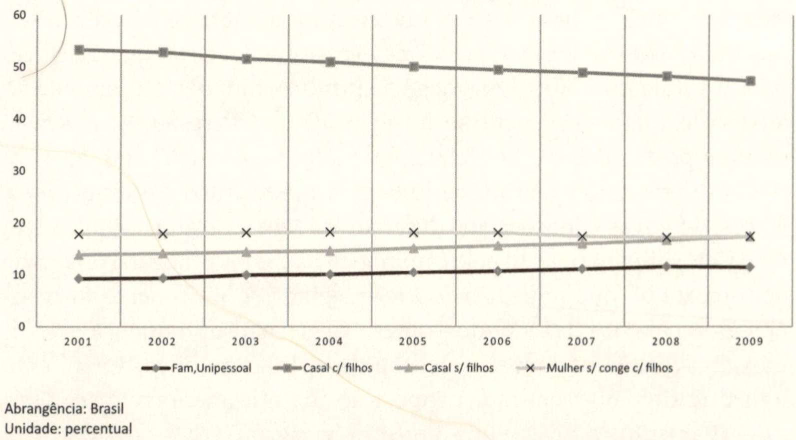

Fonte: IBGE. *Séries*. Disponível em: http://seriesestatisticas.ibge.gov.br/series.aspx?vcodigo=FED304.

A despeito dessa ordem de ideias, expressiva parcela da doutrina civilista brasileira ainda insiste em cultuar um viés tradicionalista, um conservadorismo que impede o reconhecimento jurídico de situações familiares que já estão disseminadas no plano da realidade fática. Defende esta facção resistente a mudanças que cabe à sociedade se adaptar aos ditames do direito. As ações devem ser levadas a efeito sempre de modo a preencher a moldura estabelecida pela norma.

Nesta dissertação, procurou-se romper com a mencionada diretriz. Entende-se, ao contrário, que é preciso dar relevo à força construtiva dos fatos.[280] Toma-se, portanto, uma postura progressista, a qual, no dizer de Orlando Gomes, exige do jurista sensibilidade política para que se dê a eliminação do fosso existente entre a forma jurídica e a realidade social.[281]

---

280 Sobre o tema consultar as seguintes obras: FACHIN, Luiz Edson. *Teoria crítica do direito civil*. 2. ed. Rio de Janeiro: Renovar, 2003; RAMOS, Carmen Lucia Silveira. *Família sem casamento*: de relação existencial de fato a realidade jurídica. Rio de Janeiro: Renovar, 2000 e MORIN, Gaston. *La revolte du droit contre le code*. Paris: Libraire du Recueil, 1945.

281 GOMES, Orlando. A função renovadora do direito. *Revista de Direito da UFPR*, Curitiba, 1969. v. 12. p. 39.

O contrato de namoro, tema central desta dissertação, está em plena sintonia com os preceitos da sociedade líquido-moderna, em especial, com o amor líquido. Nada obstante, a doutrina pátria, em sua maioria, limita-se a fornecer posicionamentos maniqueístas que concluem pela absoluta nulidade desse negócio jurídico, independentemente da análise de qualquer aspecto (social ou jurídico).[282] Percebe-se a ausência de uma postura aberta ao debate, que admita, ao menos em tese, tal possibilidade. Nota-se um medo latente nos escritos desses autores. Diante de novas situações que desafiam os saberes e que não admitem respostas simples, opta-se pelo caminho mais cômodo: negar a novidade que ameaça porque ainda não decifrada. Sobre isso, novamente, fazemos nossas as palavras de Orlando Gomes: "Cegos para as mudanças sociais e insensíveis às variações no clima da opinião pública, vêem, com injustificado pavor, em cada proposição autenticamente reformadora, *o* desabamento da ordem que a rotina consagrou".[283]

As dificuldades de empreender uma investigação mais acurada sobre o contrato de namoro não são poucas. A bibliografia existente, geralmente encontrada em manuais de direito de família, não raro se limita à existência de alguns poucos parágrafos, quando muito. Há ainda o agravante, como dito, de o enfoque dado ser geralmente superficial e as conclusões trazidas pouco fundamentadas. Todas essas razões justificam a relevância do trabalho em apreço.

A invisibilidade jurídica que permeia esse tema causa estranheza por conta da relevância assumida pelo namoro (e o decorrente contrato) no plano da realidade fática. Afinal, em todo o planeta, "viver junto" parece nunca ter sido tão popular como é hoje. De acordo com o Censo estadunidense do ano 2000, mais de 10,8 milhões de pessoas, embora não sejam casadas, residem juntamente com seus pares.[284] Este número representa um aumento de 72% em relação aos dados obtidos em 1990. Também, ressalta-se que o número total de casais idosos não matrimonializados que coabitam triplicou neste mesmo período e permanece em franca ascensão. A magnitude dessa transformação comportamental

[282] Por todos ver: CONTRATO para preservar bens durante o namoro é nulo. *IBDFAM*. Disponível em: http://www.ibdfam.Org.br/?noticias&noticia=922. Acesso em: 18 dez. 2010.

[283] GOMES, Orlando. A função renovadora do direito. *Revista de Direito da UFPR*, Curitiba, 1969. v. 12. p. 40.

[284] IHARA, Toni; WARNER, Ralph; HERTZ, Frederick. *Living together*: a legal guide for unmarried couples. 14. ed. Berkeley: Nolo, 2008. p. 2.

é tão grande que, estatisticamente, um cidadão americano passa mais tempo de sua vida sem estar casado.[285]

Ora, considerando este cenário e as consequências que daí podem advir, conforme se verá, o estudo da regulação patrimonial dos casais que namoram impõe-se como algo primordial. No entanto, por conta da ausência de uma cultura contratual no direito de família pátrio, o tema central desta pesquisa enfrenta grandes resistências. Principalmente se comparado a outros países, como os Estados Unidos da América, percebe-se um constrangimento implícito na postura do cidadão brasileiro ao tratar dos seus bens. Muitos parceiros têm receio de iniciar uma discussão sobre esse assunto com o seu par. Nada obstante, esse temor é infundado, tendo em vista que quando se compreendem as repercussões jurídicas os casais podem tomar decisões bem informadas sobre como estruturar a vida e as finanças da forma que melhor lhes convier. Nesse sentido, alerta a psicóloga Cleide Guimarães que a questão financeira afeta sobremaneira a manutenção dos relacionamentos, sendo um dos grandes motivos de rompimento.[286]

---

285 Esse aumento do número de casais que optam por viver junto sem se casar faz com que se pergunte quais seriam as razões que motivariam tal postura. Evidentemente, não há uma resposta unívoca para esse questionamento, sendo apenas possível aventar algumas causas sem pretensão de esgotar o assunto. De acordo com Toni Ihara, Ralph Warner e Frederick Hertz, pode-se afirmar que muitas pessoas simplesmente não reconhecem a necessidade de que o compromisso firmado seja tutelado pelo Estado. Outros imaginam este período como um teste prévio ao casamento. Alguns evitam o casamento porque passaram por um divórcio conturbado. Os mais jovens que habitam em áreas urbanas muito caras moram com os parceiros para reduzir o custo de vida doméstico. Uma crescente minoria opta por não casar para não prestigiar uma instituição que exclui casais do mesmo sexo. E o número de casais com idade superior a 45 anos, que cresce rapidamente – mais de um quinto de todos os casais que não estejam casados são desta categoria –, costumam ter preocupações financeiras que os levam a fazer essa escolha. Por exemplo, por não casar eles não se tornam legalmente obrigados a custear o tratamento médico do parceiro e também reduzem o risco de pagar taxas de benefícios do Seguro Social. Por não casar, muitos evitam complexas questões sucessórias como filhos de um casamento anterior ou a propriedade de bens muito valiosos. Por fim, as mudanças sociais de atitude e valores reduziram o estigma do "morar junto"; esta prática não é mais considerada rara nem imoral como era vinte e cinco anos atrás (IHARA, Toni; WARNER, Ralph; HERTZ, Frederick. *Living together*: a legal guide for unmarried couples. 14. ed. Berkeley: Nolo, 2008. p. 2-3).

286 GUIMARÃES, Cleide. *Até que o dinheiro nos separe*: a questão financeira nos relacionamentos. São Paulo: Saraiva, 2010.

3.1.1 Contrato de namoro: estado da arte no cenário brasileiro contemporâneo

A partir de meados de 2002,[287] começam a ser veiculadas reportagens sobre uma nova figura jurídica chamada "contrato de namoro". Jornais e revistas anunciam uma nova moda na regulação patrimonial entre casais.[288] Em grande medida, a notoriedade deste negócio jurídico deveu-se ao fato de que muitas personalidades importantes da sociedade brasileira aderiram a este instrumento. Além de diversos empresários bem-sucedidos, cita-se como exemplo o ex-Presidente do Banco Central brasileiro Henrique de Campos Meirelles.[289]

Entretanto, conforme explicitado, o tema ainda padece de uma severa lacuna doutrinária. Até porque, nas raras vezes em que é aludido, opta-se em geral por repetir que o instrumento é nulo. Isso porque teria como única finalidade afastar de modo fraudulento normas jurídicas cogentes.

Na dimensão jurisprudencial, não se sabe precisar com exatidão quantas vezes o tema foi analisado pelos magistrados. Essa impossibilidade decorre do imperativo de tramitação em segredo de justiça na seara familiar.

Embora o caso julgado não tratasse propriamente deste contrato, ganhou bastante destaque a decisão proferida pelo Desembargador Luiz Felipe Brasil Santos (Apelação Cível nº 70006235287, da 7ª Câmara do TJRS) em 2004. O magistrado, atuando como relator da ação, afirmou o seguinte:

> Esses *abortos jurídicos* que andam surgindo por aí, que são nada mais que o receio de que um namoro espontâneo, simples e singelo, resultante

---

[287] OYAMA, Thais. Amor S/A. Homens precavidos estão assinando "contratos de não-compromisso" com namoradas. *Revista Veja*, São Paulo, ed. 1746, 10 abr. 2002.

[288] CLEMENTE, Isabel. Contrato de namoro. Você faria? *Revista Época*. Disponível em: http://colunas.epoca.globo.com/mulher7por7/2010/07/07/contrato-de-namoro-voce-faria/. Acesso em: 16 dez. 2010.

[289] "Aliás, acabo de ler a escritura pública de pacto de convivência, lavrada no cartório do 26º Ofício de São Paulo, entre Eva Missine, alemã, médica, e Henrique de Campos Meirelles, brasileiro, engenheiro, solteiro. Eles dizem, no dito contrato, que convivem, mas apenas isso, não formam, de jeito algum, uma união estável. Henrique, o varão, é nosso atual presidente do Banco Central" (VELOSO, Zeno. *União estável*: requisitos. Disponível em: www.soleis.com.br. Acesso em: 15 dez. 2010).

de um afeto puro, acabe se transformando em uma união com todos os efeitos patrimoniais indesejados ao início.[290]

Essa manifestação, equivocadamente compreendida, parece ter sido a gênese de um posicionamento hegemônico que nega de pronto a validade do contrato de namoro sem as cautelas exigidas para um aporte científico.[291] A partir de então, chegou-se ao ponto de sítios da internet destinados à organização de festas de casamento se sentirem devidamente autorizados a proclamar com a máxima veemência que o contrato de namoro "não tem relevância jurídica".[292]

Impede registrar a reportagem de grande destaque publicada em 2009 sobre o tema no bojo da revista brasileira de maior circulação. Surpreendentemente, em "Assim, eu assino", houve a assunção de um posicionamento diverso do que corriqueiramente se verifica. A *Revista Veja*, ao adotar uma perspectiva favorável aos contratos de namoro, ressaltou que tais instrumentos representam a garantia de tranquilidade futura no liame financeiro, além de servir como uma proteção do

---

290 "APELAÇÃO CÍVEL. UNIÃO ESTÁVEL. AGRAVO RETIDO. Uma vez encerrada a instrução não há como manter nos autos declarações de pessoas que seriam ouvidas como testemunhas e não o foram porque arroladas extemporaneamente, o que seria o mesmo que produzir a prova indeferida por meio de declarações escritas. CARACTERIZAÇÃO DA UNIÃO ESTÁVEL. REQUISITOS. Para que fique caracterizada a entidade familiar denominada união estável deve restar configurada uma comunhão plena de vida, nos moldes de um casamento. O Estado-Juiz deve ter um certo pejo para intervir na vida privada das pessoas e dizer que, embora não tenham casado, obtiveram os efeitos plenos de um casamento. Antes e acima de tudo, deve ser respeitada a opção das pessoas, a liberdade individual de cada um constituir a forma de relacionamento que melhor lhe aprouver, indagando, com muita cautela, as razões pelas quais essas pessoas teriam optado por não casar, podendo fazê-lo, mas não o fazendo. E, por isso, só reconhecendo a união estável em situações em que ela esteja palpitante na prova dos autos, nunca em situações dúbias, contraditórias, em que a prova se mostre dividida, porque assim estar-se-á casando de ofício quem não o fez *motu proprio*. NEGARAM PROVIMENTO AO AGRAVO RETIDO, POR UNANIMIDADE. DERAM PROVIMENTO AO APELO, POR MAIORIA" (TJRS. 7ª Câmara Cível. Apelação Cível nº 70006235287. Rel. Des. Luiz Felipe Brasil Santos, j. 16.6.2004).

291 Ver: CRUZ, Maria Luiza Póvoa. Namoro ou união estável? *IBDFAM*. Disponível em: http://www.ibdfam.Org.br/?artigos&artigo=503. Acesso em: 18 dez. 2010; DONINI, Antonio Carlos. *Meu bem meus bens*. São Paulo: Klarear, 2009. p. 79; GAMA, Guilherme Calmon Nogueira da. *Direito civil*: família. São Paulo: Atlas, 2008. p. 141-142; TARTUCE, Flávio. *Direito civil*: direito de família. 4. ed. Rio de Janeiro: Forense; São Paulo: Método, 2010. v. 5. p. 26; 289; ARAUJO, Vaneska Donato de. Contratos e direitos da personalidade. *In*: HIRONAKA, Giselda Maria Fernandes Novaes; TARTUCE, Flávio (Coord.). *Direito contratual*: temas atuais. São Paulo: Método, 2007. p. 253; GAGLIANO, Pablo Stolze. *Contrato de namoro*. Disponível em: http://www.juspodivm.com.br/i/a/%7B3E8638FC-04B7-48AC-A125-970A7F08C923%7D_032.pdf. Acesso em: 10 jan. 2011.

292 CONTRATO de namoro. *Paper Crafts*. Disponível em: http://www.papercrafts.com.br/dicas-para-casamento/dicas.asp?link=Contrato-de-namoro. Acesso em: 16 dez. 2010.

patrimônio de cada uma das partes.[293] A reportagem em questão chega a ressaltar que, na hipótese de haver uma negativa infundada do parceiro em avençar tal pacto, caberia então uma separação, pois "ele(a) está atrás do seu dinheiro".[294]

3.2 Namoro *versus* união estável: a tênue diferença

Ao longo desta pesquisa foram analisadas as relevantes mudanças sociais ocorridas no campo da família. Dentro desse contexto de transformações, ocupa especial posição o namoro. Embora esse signo linguístico tenha sido reiteradamente utilizado ao longo dos tempos,[295] seu significado foi radicalmente alterado. Como observou Euclides de Oliveira:

> O namoro à moda antiga se fazia cauteloso e era até difícil chegar aos beijos e abraços, o que só acontecia depois de certo tempo de espera e da aprovação familiar (era comum o namoro incipiente no sofá da sala dos pais da moça, sob olhares críticos e vigilantes dos donos da casa). Hoje é sabidamente mais aberta a relação, que logo se alteia para os carinhos mais ardentes e com boa margem de liberdade (fim de semana a sós, viagens, sexo quase declarado).[296]

De fato, parece inegável que o namoro experimentado na atualidade é pautado por uma margem de liberdade muito maior. No passado, o namoro correspondia tão só ao período em que o casal convivia com o intuito de planejar o matrimônio. Assim, era permitido apenas breves encontros entre o par, sempre sob os olhos atentos da família. A vida sexual só era iniciada após o casamento, na noite de núpcias, sendo que a virgindade da noiva – dentro de uma visão machista – era sinônimo de sua dignidade.[297]

---

[293] LINHARES, Juliana. Assim, eu assino. *Revista Veja*, São Paulo, ed. 2102, 4 mar. 2009. p. 94-95

[294] LINHARES, Juliana. Assim, eu assino. *Revista Veja*, São Paulo, ed. 2102, 4 mar. 2009. p. 94.

[295] "Conservando as mesmas palavras para designar situações diferentes, evita-se que a massa dos homens adquira consciência imediata das transformações sociais" (GOMES, Orlando. A evolução do direito privado e o atraso da técnica jurídica. *Revista Direito GV*, v. 1, n. 1, p. 121-134, maio 2005. p. 130).

[296] OLIVEIRA, Euclides de. A escalada do afeto no direito de família: ficar, namorar, conviver, casar. *In*: PEREIRA, Rodrigo da Cunha (Coord.). *Família e dignidade humana*: anais V Congresso Brasileiro de Direito de Família. São Paulo: IOB Thomson, 2006. p. 328.

[297] Ver: DEL PRIORE, Mary (Org.). *História das mulheres no Brasil*. 9. ed. São Paulo: Contexto, 2009.

A purificação do sexo e o advento de métodos contraceptivos mais eficazes, conforme visto no primeiro capítulo, fizeram com que não fosse mais preciso esperar a realização do matrimônio para haver uma convivência mais íntima com o parceiro. Afinal, diante da possibilidade de evitar episódios de gravidez indesejada, o sexo já não representava algo tão perigoso.

Nesse sentido, vale destacar que as opiniões se dividem entre os que lamentam e celebram tais mudanças. Apenas à guisa de exemplo, destacam-se alguns posicionamentos antagônicos. Para Felipe Aquino, professor universitário que tem escrito sobre a doutrina católica, o namoro precisa ser urgentemente repensado, uma vez que tem sido encarado de modo inconsequente. Para o autor, o namoro deve ser levado a sério, tendo como único fim o casamento. Logo, seria inadequado namorar apenas por lazer, para ter companhia, sem se preocupar com a longevidade do relacionamento. Felipe Aquino também defende um retorno ao antigo modelo do namoro, no qual a vida sexual era evitada antes das núpcias.[298] Já em sentido contrário é o entendimento do médico psicanalista Francisco Daudt Veiga, cuja obra serve de epígrafe para o capítulo em comento. O médico, além de celebrar a configuração hodierna do namoro, incentiva seus pacientes a desfrutarem ao máximo das experiências vivenciadas no seio desse relacionamento. Só assim poderão ter certeza das reais possibilidades de um futuro casamento dar certo.

O segundo posicionamento parece ser o mais aceito na sociedade de hoje. Em razão disso, têm sido cada vez mais numerosos casos de namoros prolongados, os quais somam alguns bons anos.

Nesse sentido, é pacífico o entendimento de que "o namoro puro e simples não traz consequências jurídicas diversas daquelas que, direta ou indiretamente, aplicam-se à fase do 'ficar'".[299] Em outras palavras, um mero namoro não é, por si só, um fato tutelado pelo direito, assim como ocorre com outras espécies de interação conjugal consideradas fugazes.

No entanto, são de particular complexidade as situações em que estão em pauta namoros que configuram convivência pública, contínua e duradoura entre as partes. O relacionamento, então, deixa de ser frágil e passa a refletir para sociedade ares de família. Para exprimir

[298] AQUINO, Felipe. *Namoro*. 35. ed. Lorena: Cléofas, 2009.

[299] OLIVEIRA, Euclides de. A escalada do afeto no direito de família: ficar, namorar, conviver, casar. *In*: PEREIRA, Rodrigo da Cunha (Coord.). *Família e dignidade humana*: anais V Congresso Brasileiro de Direito de Família. São Paulo: IOB Thomson, 2006. p. 329.

com maior exatidão tais situações, Maria Rúbia Cattoni Poffo cunhou a expressão "namoro qualificado".[300]

Considerando que as entidades familiares são formadas pela presença concomitante das características afetividade, estabilidade e ostensibilidade, segundo lição de Paulo Luiz Netto Lôbo,[301] poderia ser suscitado, ao menos em tese, ser o namoro uma espécie de família. Esse entendimento poderia ser reforçado pelo fato de que tais entidades não se pautam pelo critério de *numerus clausus*:

> As entidades familiares, assim entendidas as que preencham os requisitos de afetividade, estabilidade e ostensibilidade, estão constitucionalmente protegidas, como tipos próprios, tutelando-se os efeitos jurídicos pelo Direito de Família e jamais pelo Direito das Obrigações, cuja incidência de 1988 suprimiu a cláusula de exclusão, que apenas admitia a família constituída pelo casamento, mantida nas Constituições anteriores, adotando um conceito aberto, abrangente e de inclusão.[302]

Ao lado das mudanças no namoro, as quais desafiam sua própria conceituação como tal, outro relevante aspecto que ainda precisa ser desvelado no trabalho em apreço é a caracterização da união estável.

Segundo o art. 1.723 do Código Civil, "é reconhecida como entidade familiar a união estável entre o homem e a mulher, configurada na convivência pública, contínua e duradoura e estabelecida com o objetivo de constituição de família".[303]

---

300 POFFO, Mara Rúbia Cattoni. Inexistência de união estável em namoro qualificado. *IBDFAM*. Disponível em: http://www.ibdfam.Org.br/?artigos&artigo=601. Acesso em: 18 dez. 2010.

301 LÔBO, Paulo Luiz Netto. Entidades familiares constitucionalizadas: para além do Numerus Clausus. *In*: FARIAS, Cristiano Chaves de (Coord.). *Temas atuais de direito e processo de família*: primeira série. Rio de Janeiro: Lumen Juris, 2004. p. 3.

302 LÔBO, Paulo Luiz Netto. Entidades familiares constitucionalizadas: para além do Numerus Clausus. *In*: FARIAS, Cristiano Chaves de (Coord.). *Temas atuais de direito e processo de família*: primeira série. Rio de Janeiro: Lumen Juris, 2004. p. 17. Em sentido contrário, em sede do direito lusitano: "Os direitos e negócios familiares estão sujeitos aos *numerus clausus*, ao contrário do que sucede no Direito das Obrigações, em que vigora o princípio da liberdade contratual, não só quanto ao número dos negócios, como também quanto ao seu conteúdo. Em matéria de Direito de Família, não só se podem celebrar unicamente os negócios previstos na lei, como as relações familiares estão sujeitas, em princípio, a um conteúdo pré-fixado na lei" (CAMPOS, Diogo Leite de. *Lições de direito da família e das sucessões*. Coimbra: Almedina, 2008. p. 145).

303 Ainda, segundo a dicção da lei: "§1º A união estável não se constituirá se ocorrerem os impedimentos do art. 1.521; não se aplicando a incidência do inciso VI no caso de a pessoa casada se achar separada de fato ou judicialmente; §2º As causas suspensivas do art. 1.523 não impedirão a caracterização da união estável; artigo 1.521: Não podem casar: I - os ascendentes com os descendentes, seja o parentesco natural ou civil; II - os afins em linha

O ponto nevrálgico que diferencia a união estável das demais relações conjugais não matrimonializadas é o objetivo de constituir família. A opção legislativa de não pormenorizar o que afinal seria esse escopo tem sido alvo de críticas.[304] Isso porque essa vagueza da lei gera inúmeras confusões no cotidiano forense.

Nota-se que para alguns autores, dentro da lógica de constituição de família, "a coabitação e a geração de prole comum, embora representem elementos caracterizadores, são insuficientes se não restar bem revelado o intuito dos pares".[305] Ou seja, frisa-se o que não configura por si só esta entidade familiar, mas não é explorado especificamente o que afinal é preciso para caracterizar a união estável.

A partir de uma pesquisa jurisprudencial é possível demonstrar como o Poder Judiciário tem sido divergente em suas decisões.[306] À guisa de exemplo, cita-se que em alguns julgados a prole é apta para a caracterização da união estável. Em outras decisões isso é considerado insuficiente.[307] Também, o requisito da monogamia ora é considerado

---

reta; III - o adotante com quem foi cônjuge do adotado e o adotado com quem o foi do adotante; IV - os irmãos, unilaterais ou bilaterais, e demais colaterais, até o terceiro grau inclusive; V - o adotado com o filho do adotante; VI - as pessoas casadas; VII - o cônjuge sobrevivente com o condenado por homicídio ou tentativa de homicídio contra o seu consorte".

304 "As confusões entre o namoro e a união estável são tremendas em nossos dias. Tais confusões se devem à Lei 9.278/96, que, elaborada sem o apreço técnico necessário, estabeleceu que o mero objetivo de constituição de família é suficiente à configuração de união estável, se a relação for duradoura, pública e contínua (art. 1º). Tal falha foi repetida no Código Civil de 2002 (art. 1723)" (SILVA, Regina Beatriz Tavares da. *Namoro e união estável*: confusões. Disponível em: http://www.reginabeatriz.com.br/academico/artigos/artigo.aspx?id=128. Acesso em: 13 dez. 2011).

305 POFFO, Mara Rúbia Cattoni. Inexistência de união estável em namoro qualificado. *IBDFAM*. Disponível em: http://www.ibdfam.Org.br/?artigos&artigo=601. Acesso em: 18 dez. 2010.

306 "Ao que parece, o legislador deixou um amplo espectro de liberdade para o juiz interpretar a norma na sua atividade judicante. Isso porém pode gerar outro problema, que é a desigualdade, caso nossos tribunais confiram tratamento não-isonômico à matéria, valorando subjetivamente cada caso".

307 "APELAÇÃO CÍVEL. RECONHECIMENTO E DISSOLUÇÃO DE UNIÃO ESTÁVEL - REQUISITOS - COMPROVAÇÃO - PARTILHA DE BENS ADQUIRIDOS DURANTE A CONVIVÊNCIA - PRESUNÇÃO DE COLABORAÇÃO COMUM - ÔNUS DA PROVA - SENTENÇA CONFIRMADA. DEVE SER RECONHECIDA A UNIÃO ESTÁVEL, A PARTIR DA DATA INDICADA PELO AUTOR/APELADO, QUANDO COMPROVADA A CONVIVÊNCIA DO CASAL DE FORMA PÚBLICA, CONTÍNUA, DURADOURA E ESTABELECIDA COM O OBJETIVO DE CONSTITUIÇÃO DE FAMÍLIA, CORROBORADA PELO NASCIMENTO DE FILHOS DAS PARTES. HÁ PRESUNÇÃO DE QUE OS BENS ADQUIRIDOS NA CONSTÂNCIA DE UNIÃO ESTÁVEL DECORREM DO ESFORÇO COMUM DOS CONVIVENTES, NOS TERMOS DO ART. 1.725 DO CÓDIGO CIVIL E ART. 5º DA LEI Nº 9.278/96, DEVENDO SER PARTILHADOS NA PROPORÇÃO DE METADE PARA CADA, QUANDO NÃO AFASTADA POR PROVA EM CONTRÁRIO. RECURSO IMPROVIDO" (TJBA. Quarta Câmara Cível. Apelação Cível nº 22335-8/2008. Rel. Des. Maria Geraldina Sá de Souza Galvão, j. 12.11.2008); "RECONHECIMENTO E

indispensável, ora é afastado pelo juiz (havendo então o reconhecimento de duas uniões estáveis simultâneas).[308]

Após essa constatação, curioso notar que namoro e união estável são distinguidos justamente por conta de o primeiro não constituir entidade familiar. Isso porque o elemento afetividade, requisito para a constituição de entidade familiar, é entendido como "fundamento e finalidade da entidade, com desconsideração do móvel econômico e escopo indiscutível de constituição de família".[309]

Nessa toada, outro elemento que torna ainda mais complexo este tema é que a união estável por vezes só adentra ao mundo jurídico, paradoxalmente, após acabar. Ou seja, "o ato de ingresso é, ao mesmo tempo, ato de saída: reconhece-se a existência para afirmar que o que

---

DISSOLUÇÃO DE UNIÃO ESTÁVEL. RELACIONAMENTO QUE ORIGINOU QUATRO FILHOS COMUNS. AUTORA RESIDE EM IMÓVEL ADQUIRIDO NA CONSTÂNCIA DA CONVIVÊNCIA. UNIÃO ESTÁVEL CONFIGURADA. PARTILHA DOS BENS OBTIDOS DURANTE O CONVÍVIO DEVE SOBRESSAIR. PENSÃO ALIMENTÍCIA NÃO ESTÁ EM CONDIÇÕES DE PROSPERAR, POIS A PRÓPRIA APELANTE MENCIONOU QUE RECEBE REMUNERAÇÃO POR ATIVIDADE LÍCITA, CONSEQÜENTEMENTE, NÃO DEMONSTROU A NECESSIDADE. APELO PROVIDO EM PARTE" (TJSP. 7ª Câmara de Direito Privado. Apelação com Revisão nº 602.559-4/4-00. Rel. Des. Nathan Zelinschi de Arruda, j. 1º.4.2009).

308 Frise-se que é possível encontrar divergência sobre esse aspecto dentro da mesma câmara cível do TJRS: nºs 70039195524 e 70016969552, respectivamente: "UNIÃO ESTÁVEL. PEDIDO DE ALIMENTOS. RELACIONAMENTO PARALELO AO CASAMENTO. DESCABIMENTO. 1. A monogamia constitui princípio que informa o direito matrimonial, não se podendo reconhecer a constituição de uma união estável quando a pessoa for casada e mantiver vida conjugal com a esposa. O relacionamento adulterino não tem o condão de constituir união estável. 2. Não constitui união estável o relacionamento entretido sem a intenção clara de constituir um núcleo familiar. 3. A união estável assemelha-se a um casamento de fato e indica uma comunhão de vida e de interesses, reclamando não apenas publicidade e estabilidade, mas, sobretudo, um nítido caráter familiar, evidenciado pela *affectio maritalis*. 4. Indemonstrada a existência de uma união estável, inexiste título capaz de albergar o pleito alimentar, tão pouco a partilha pretendida. Recurso desprovido" (TJRS. Sétima Câmara Cível. Apelação Cível nº 70039195524. Rel. Des. Sérgio Fernando de Vasconcellos Chaves, j. 20.12.2010); "UNIÃO ESTÁVEL. DUPLICIDADE DE CÉLULAS FAMILIARES. O Judiciário não pode se esquivar de tutelar as relações baseadas no afeto, inobstante as formalidades muitas vezes impingidas pela sociedade para que uma união seja 'digna' de reconhecimento judicial. Dessa forma, havendo duplicidade de uniões estáveis, cabível a partição do patrimônio amealhado na concomitância das duas relações. ALIMENTOS. Os alimentos devem recair sobre os rendimentos brutos, deduzidos apenas os descontos legais obrigatórios. HONORÁRIOS ADVOCATÍCIOS. Cumuladas ações de união estável, partilha de bens e alimentos, mostra-se indevida a fixação dos honorários apenas com base na condenação alimentar, devendo ser consideradas as demais demandas para fins de incidência de tal encargo. Apelos parcialmente providos, por maioria. SEGREDO DE JUSTIÇA" (TJRS. Sétima Câmara Cível. Apelação Cível nº 70016969552. Rel. Des. Maria Berenice Dias, j. 6.12.2006).

309 LÔBO, Paulo Luiz Netto. Entidades familiares constitucionalizadas: para além do Numerus Clausus. *In*: FARIAS, Cristiano Chaves de (Coord.). *Temas atuais de direito e processo de família*: primeira série. Rio de Janeiro: Lumen Juris, 2004. p. 3.

havia já acabou [...]".[310] Daí ser chamada por Eduardo de Oliveira Leite de (des)união estável. Conforme explica o autor, até o momento da ruptura o casal considera a lei desnecessária. Porém, quando a fragilidade da união começa a transparecer a lei se torna indispensável:[311] "enquanto a união flui, sem maiores problemas (especialmente de ordem patrimonial, em decorrência da dissolução da união) é que os companheiros se dão conta da fragilidade de sua situação".[312]

Também, cabe questionar a falta de regulação jurídica da união estável se comparada aos demais modelos familiares reconhecidos pelo direito. Muito embora não haja mais o que se falar no sentido de uma hierarquia entre esses modelos (a partir da ordem inaugurada pela Constituição de 1988), infelizmente o direito codificado de família ainda tem como paradigma o casamento. Nesse sentido, Maria Berenice Dias ressalta que "causa no mínimo certa estranheza o fato de o Código Civil, com relação ao casamento, dedicar ao regime de bens nada menos do que 50 artigos e às questões patrimoniais na união estável singelas duas palavras: contrato escrito (CC 1.725)".[313]

O ideal buscado pela doutrina estaria na concepção de que "o tratamento das entidades familiares será diferenciado na medida em que estas se diferenciem e, por esta razão, não se nega que cada uma tenha o seu próprio estatuto normativo".[314] Lamentavelmente, essa não é a realidade pátria, conforme esclarece Rodrigo Toscano de Brito:

> É interessante observar que, a par dessa constatação da pluralidade familiar, do número aberto, não se veem, por outro lado, regras bem definidas sobre as suas inúmeras repercussões patrimoniais. A família fundada no casamento é, ainda, do ponto de vista patrimonial, a que tem regramento mais detalhado. O Título II do Código Civil brasileiro é praticamente todo dedicado ao direito patrimonial de família no

---

310 CARBONERA, Silvana Maria. *Reserva de intimidade*: uma possível tutela da dignidade no espaço relacional da conjugalidade. Rio de Janeiro: Renovar, 2008. p. 184.

311 LEITE, Eduardo de Oliveira. A (des)união estável. *In*: LEITE, Eduardo de Oliveira (Coord.). *Grandes temas da atualidade* – União estável: aspectos polêmicos e controvertidos. Rio de Janeiro: Forense, 2009. v. 8. p. 65.

312 LEITE, Eduardo de Oliveira. A (des)união estável. *In*: LEITE, Eduardo de Oliveira (Coord.). *Grandes temas da atualidade* – União estável: aspectos polêmicos e controvertidos. Rio de Janeiro: Forense, 2009. v. 8. p. 49.

313 DIAS, Maria Berenice. *Manual de direito das famílias*. 5. ed. rev., atual. e ampl. São Paulo: Revista dos Tribunais, 2009. p. 174.

314 NEVARES, Ana Luiza Maia. Entidades familiares na constituição: críticas à concepção hierarquizada. *In*: RAMOS, Carmen Lucia *et al*. (Org.). *Diálogos sobre direito civil*. Rio de Janeiro: Renovar, 2002. p. 314.

> casamento. Mas, quando se caminha, por exemplo, para a união estável, que já é um instituto que se pode dizer consolidado entre nós, no Brasil, vislumbra-se um menor grau de detalhamento de normas do ponto de vista patrimonial, nomeadamente às que se referem à sucessão do companheiro. Quanto aos demais arranjos familiares, a normatização é ainda mais rara. Na seara patrimonial, a legislação brasileira apresenta lacunas em face desses novos arranjos familiares, motivo pelo qual, embora se deva reconhecer os vários tipos de famílias, há necessidade ainda de buscar em outras áreas do direito civil e em outras áreas do direito o apoio necessário para o preenchimento das lacunas.[315]

No cenário descrito, de ausência de contornos mais nítidos da configuração de união estável, estes fazem com que essa entidade familiar e o namoro apareçam separados por uma linha tênue, quase imperceptível. Até mesmo os autores desfavoráveis ao contrato de namoro admitem que a diferença entre as entidades é nebulosa.[316] Certamente, isso será ainda potencializado se o que estiver em jogo for um namoro qualificado.

Para uma análise mais profunda sobre o tema, importa perscrutar a natureza jurídica da união estável. Como será explicitado, existem duas teorias preponderantes, sendo que a adoção de uma ou de outra conduz o jurista para conclusões diversas sobre o contrato de namoro.

3.3 A natureza jurídica da união estável

O debate a respeito da natureza jurídica da união estável é polarizado em duas correntes doutrinárias, as quais serão analisadas a seguir. Vale dizer que os dois entendimentos antagônicos são capitaneados por Paulo Luiz Netto Lôbo e Marcos Bernardes de Mello.

Paulo Luiz Netto Lôbo é o autor que lidera a primeira corrente. Em artigo que se preocupa especificamente com o tema, faz, inicialmente, uma interessante constatação de que a união estável migrou da categoria

---

[315] BRITO, Rodrigo Toscano de. Conceito atual de família e suas repercussões patrimoniais. *In*: DIAS, Maria Berenice (Org.). *Direito das famílias*. São Paulo: RT, 2009. p. 80. No mesmo sentido: "Não há previsão legal de noivado, como, de resto, o Código também não menciona as situações de namoro e, menos ainda, o envolvimento primário do simples 'ficar'" (OLIVEIRA, Euclides de. A escalada do afeto no direito de família: ficar, namorar, conviver, casar. *In*: PEREIRA, Rodrigo da Cunha (Coord.). *Família e dignidade humana*: anais V Congresso Brasileiro de Direito de Família. São Paulo: IOB Thomson, 2006. p. 329).

[316] GAGLIANO, Pablo Stolze. *Contrato de namoro*. Disponível em: http://www.juspodivm.com.br/i/a/%7B3E8638FC-04B7-48AC-A125-970A7F08C923%7D_032.pdf. Acesso em: 10 jan. 2011.

de fato ilícito para a de fato jurídico lícito.[317] Resta saber qual a sua espécie.

Para responder a este questionamento, Lôbo examina, em um primeiro momento, os diplomas legais que tratam da união estável. O primeiro é o art. 226, §3º, da Constituição, que reconhece "a união estável entre o homem e a mulher como entidade familiar". A este respeito, o autor considera que a Constituição reconheceu uma situação fática e passou a tutelá-la juridicamente. Na hipótese normativa, três são os elementos para que se caracterize uma união estável: união entre homem e mulher, estabilidade da união e natureza familiar. É excluída, portanto, a exigência de qualquer elemento volitivo.

O art. 1.723 do Código Civil, por sua vez, reconhece como entidade familiar a união estável entre homem e mulher, "configurada na convivência pública, contínua e duradoura", estabelecida com o objetivo de constituir família. Observa-se que se acrescentou à norma constitucional a necessidade de publicidade do relacionamento. Para Lôbo, não se trata de verdadeiro acréscimo, mas de esclarecimento do elemento de estabilidade. Além disso, a enunciação de objetivo de constituição de família meramente revela a natureza familiar contínua que deve ser constatada.

Diante das exigências legais, constata-se que a união estável é uma situação fática reconhecida pelo direito por seus elementos, somente. A declaração expressa de vontade é irrelevante para sua configuração.[318]

Em seguida, Paulo Lôbo compara a união estável com a família matrimonializada, que decorre do casamento, um ato jurídico complexo,[319] que tem na declaração de vontade dos nubentes seu elemento nuclear. O casamento, portanto, é a única entidade familiar oriunda de um ato jurídico formal.

---

[317] LÔBO, Paulo Luiz Netto. *A concepção da união estável como ato-fato jurídico e suas repercussões*. Disponível em: http://evocati.com.br/evocati/impressao.wsp?tmp_codigo=385. Acesso em: 20 dez. 2010.

[318] "Assim, adaptando os elementos do suporte fático (hipótese normativa), para incidência do art. 1.723 do Código Civil, sem colisão com os da norma constitucional, temos: a) união entre homem e mulher; b) convivência pública, contínua e duradoura; c) natureza familiar" (LÔBO, Paulo Luiz Netto. *A concepção da união estável como ato-fato jurídico e suas repercussões*. Disponível em: http://evocati.com.br/evocati/impressao.wsp?tmp_codigo=385. Acesso em: 20 dez. 2010).

[319] De acordo com o autor, o casamento pode ser assim decomposto: "atos de habilitação, solenidade de celebração, declaração de vontade dos nubentes" (LÔBO, Paulo Luiz Netto. *A concepção da união estável como ato-fato jurídico e suas repercussões*. Disponível em: http://evocati.com.br/evocati/impressao.wsp?tmp_codigo=385. Acesso em: 20 dez. 2010).

As demais formas de constituir família, como união estável e família monoparental, são situações fáticas reconhecidas pelo direito. Deste modo, são consideradas atos-fatos jurídicos.

De acordo com a lição de Pontes de Miranda, o ato-fato jurídico é aquele em que a vontade está em sua gênese, mas o direito a desconsidera e apenas atribui juridicidade ao fato resultante. Uma das mais relevantes consequências da categoria dos atos-fatos jurídicos é a de que não estão eles sujeitos aos requisitos de validade, ou seja, não podem ser nulos ou anuláveis. No mesmo sentido, não se aplicam a eles os vícios da vontade, afinal, sua gênese está na simples constatação de fatos.

O contraponto à tese de Paulo Luiz Netto Lôbo foi realizado por Marcos Bernardes de Mello.[320] O jurista afirma que, de acordo com a norma do art. 1.723, do Código Civil, existe, além da descrição de uma situação fática, um elemento subjetivo relevante configurado no "intuito de constituição de família".[321]

Assim, "o ser preciso que haja manifestação consciente de vontade em estabelecer a união estável não permite tê-la como ato-fato jurídico".[322]

No entanto, também não é possível afirmar que a união estável é um negócio jurídico, pois além da vontade são exigidos os requisitos de convivência pública, contínua e permanente. Ou seja, a norma exige também um suporte fático para que se reconheça a existência da união estável.

Feitas essas considerações, Marcos Bernardes de Mello conclui que a união estável só pode ser classificada como um ato jurídico composto por manifestação de vontade e por suporte fático que a complete.[323] Esta categoria é denominada "atos jurídicos compósitos".[324]

---

320 MELLO, Marcos Bernardes de. Sobre a classificação do fato jurídico da união estável. *In*: ALBUQUERQUE, Fabíola Santos; EHRHARDT JR., Marcos; OLIVEIRA, Catarina Almeida de. *Famílias no direito contemporâneo*. Salvador: JusPodivm, 2010. p. 143-165.

321 MELLO, Marcos Bernardes de. Sobre a classificação do fato jurídico da união estável. *In*: ALBUQUERQUE, Fabíola Santos; EHRHARDT JR., Marcos; OLIVEIRA, Catarina Almeida de. *Famílias no direito contemporâneo*. Salvador: JusPodivm, 2010. p. 161.

322 MELLO, Marcos Bernardes de. Sobre a classificação do fato jurídico da união estável. *In*: ALBUQUERQUE, Fabíola Santos; EHRHARDT JR., Marcos; OLIVEIRA, Catarina Almeida de. *Famílias no direito contemporâneo*. Salvador: JusPodivm, 2010. p. 161.

323 "Ora, para a constituição de união estável, como vimos, é necessária uma manifestação de vontade que se completa com a ocorrência de um estado de fato materializado na convivência pública, contínua e permanente entre os conviventes durante um tempo razoável. Essa estrutura caracteriza um suporte fáctico típico de ato jurídico stricto sensu da espécie compósito, o que nos permite classifica nessa categoria o fato jurídico da constituição de união estável" (MELLO, Marcos Bernardes de. Sobre a classificação do fato jurídico da união estável. *In*: ALBUQUERQUE, Fabíola Santos; EHRHARDT JR., Marcos; OLIVEIRA,

Em que pese a relevância da obra e do pensamento de Paulo Luiz Netto Lôbo, a tese que se revela mais apropriada acerca da natureza jurídica da união estável é a de Marcos Bernardes de Mello. Afinal, da leitura do art. 1.723, do Código Civil, o elemento volitivo do objetivo de constituir família apresenta-se como um requisito indispensável para a configuração da união estável, bem como o suporte fático da convivência pública, contínua e duradoura.

Não é apenas do referido artigo que decorre essa interpretação. Na realidade, com a passagem do modelo transpessoal de família para o modelo eudemonista, centrado no bem-estar e na realização dos sujeitos, os indivíduos adquiriram maior autonomia e liberdade. A família passou a ser entendida sob um enfoque muito mais democrático, pelo que a vontade de seus componentes importa muito mais do que o interesse estatal.

Aliás, ao se tratar de interesse do Estado, é preciso ter em mente que sua intervenção deve ocorrer somente nas situações de vulnerabilidade de uma das partes. Cita-se, como maior exemplo, o princípio do melhor interesse da criança. Além disso, merece destaque o fato de que o próprio reconhecimento da união estável no direito brasileiro, inicialmente denominado sociedade conjugal de fato pela jurisprudência, teve sua origem como forma de proteger, primordialmente, a mulher que não se casava, mas não tinha renda própria, e que na separação ou na eventualidade de falecimento do companheiro ficava sem nenhuma garantia financeira.

Estas intervenções são absolutamente defensáveis na perspectiva do direito de família mínimo. O que não se concebe é a ampliação do conceito de união estável ao ponto de se extinguir a figura do namoro e de outras formas de relacionamento ainda mais breves, como previu João Baptista Vilella.[325] Trata-se de medida incompatível com a realidade,

---

Catarina Almeida de. *Famílias no direito contemporâneo*. Salvador: JusPodivm, 2010. p. 162-163).

[324] "Exemplos desses atos jurídicos são a constituição de domicílio (= estabelecimento de residência + ânimo definitivo) e a gestão de negócio (= vontade de gerir negócio alheio + efetiva gestão)" (MELLO, Marcos Bernardes de. Sobre a classificação do fato jurídico da união estável. *In*: ALBUQUERQUE, Fabíola Santos; EHRHARDT JR., Marcos; OLIVEIRA, Catarina Almeida de. *Famílias no direito contemporâneo*. Salvador: JusPodivm, 2010. p. 162). Para mais detalhes consultar: MELLO, Marcos Bernardes de. *Teoria do fato jurídico*: plano da existência. 15. ed. São Paulo: Saraiva, 2008. p. 166-167.

[325] "A intervenção na esfera da privacidade amorosa chegou a tal ponto que um diário abriu espaço para que se questionasse 'se ainda faz sentido celebrar o dia dos namorados, já que, em rigor, até mesmo esta instituição, a um só tempo, natural, alegre, espontânea, saudável e indescritível, que é o namoro, parece ter-se convertido em modalidade de casamento'"

já que a população em geral procura relacionamentos líquidos bastante voláteis.

O reconhecimento da união estável como ato-fato jurídico também pode provocar uma enchente de novas causas no Judiciário. O fim de um namoro, que até pouco tempo não tinha qualquer efeito jurídico, pode se tornar uma discussão judicial longa e custosa. Será inerente ao namoro o risco de sua conversão em casamento.[326]

Este nível de ingerência estatal viola frontalmente o princípio da autonomia privada. Com a imposição da união estável aos variados relacionamentos, o indivíduo perde uma de suas únicas faculdades no âmbito do direito de família existencial: escolher a forma de realização de seu projeto afetivo, inclusive com quem ele será desenvolvido.[327]

A ingerência estatal, neste nível, nada mais faz do que retirar do indivíduo sua liberdade afetiva. Por consequência, a tese do ato-fato jurídico pode, paradoxalmente, contribuir para a diminuição da própria dignidade da pessoa humana. É imperioso, portanto, que se reconheça a natureza da união estável como ato jurídico compósito, sendo que a vontade e o suporte fático são igualmente importantes.

3.4 O negócio jurídico contrato de namoro

O contrato de namoro é uma espécie de negócio jurídico no qual as partes que estão tendo um relacionamento afetivo acordam

---

(VILLELA, João Baptista. Repensando o direito de família. *In*: PEREIRA, Rodrigo da Cunha (Coord.). *Repensando o direito de família*. Belo Horizonte: Del Rey, 1999. p. 25).

326 "Nos Estados Unidos galanteio virou assédio sexual, enquanto no Brasil namorar cria direitos e deveres de estado. Tristes tempos estes em que o mundo vai perdendo o sentido do lúdico, a descontração se torna suspeita, a responsabilidade civil mora em cada esquina e o convívio humano é antes uma usina de riscos do que uma fonte do prazer" (VILLELA, João Baptista. Repensando o direito de família. *In*: PEREIRA, Rodrigo da Cunha (Coord.). *Repensando o direito de família*. Belo Horizonte: Del Rey, 1999. p. 25).

327 "No momento histórico em que o formato hierárquico da família cedeu à sua democratização, não mais existem razões que justifiquem essa excessiva e indevida ingerência do Estado na vida das pessoas. A esfera privada das relações conjugais tende cada vez mais a repudiar a interferência do poder público, não se podendo deixar de concluir que está ocorrendo uma verdadeira estatização do afeto" (DIAS, Maria Berenice. *A estatização do afeto*. Disponível em: http://buscalegis.ufsc.br/revistas/index.php/buscalegis/article/view/8182/7748. Acesso em: 11 dez. 2010); e "Em realidade, numa sociedade democrática, não há como existir dignidade humana sem autonomia privada no Direito de Família já que a família é espaço da afetividade, da busca da felicidade, enfim da liberdade de escolha" (COUTO, Lindajara Ostjen. Constitucionalização do direito civil de família: o paradoxal crescimento do direito fundamental da autonomia privada. *IBDFAM*. Disponível em: http://www.ibdfam.Org.br/?artigos&artigo=460. Acesso em: 20 dez. 2010).

consensualmente que não há entre elas objetivo de constituir família. Por consequência, afasta-se a constituição de uma união estável e dos direitos dela decorrentes, como pensão alimentícia e direitos sucessórios.[328]

Conforme ressalta Zeno Veloso,[329] não há nada no ordenamento jurídico brasileiro que proíba a pactuação dos contratos de namoro, os quais são contratos atípicos.[330] Como todos os demais negócios jurídicos, a espécie contratual analisada deve observância aos ditames estabelecidos pela parte geral da codificação. Assim, para que seja válido, é necessário que os agentes sejam capazes e o objeto seja lícito, possível, determinado ou determinável, observando forma prescrita ou não defesa em lei (conforme dicção do art. 104 do Código Civil brasileiro). Também, observa-se que o documento poderá ser público ou privado, como ensina Regina Beatriz Tavares da Silva.[331]

Caberia questionar se a diversidade de sexo seria exigida no contrato de namoro, como ocorre nas hipóteses de casamento e união estável.[332] Neste trabalho, de modo coerente com as ideias anteriormente expostas, defende-se que pessoas do mesmo sexo poderiam assinar tal pacto. Afinal, acredita-se que "dignidade não distingue sexo, idade, condição social ou tipo de vínculo conjugal. Ao menos poderia fazê-lo".[333]

---

[328] "Tenho defendido a possibilidade de ser celebrado entre os interessados um 'contrato de namoro', ou seja, um documento escrito em que o homem e a mulher atestam que estão tendo um envolvimento amoroso, um relacionamento afetivo, mas que se esgota nisso, não havendo interesse ou vontade de constituir uma entidade familiar, com as graves consequências pessoais e patrimoniais desta" (VELOSO, Zeno. *Contrato de namoro*. Disponível em: www.soleis.com.br. Acesso em: 20 dez. 2010).

[329] VELOSO, Zeno. *Contrato de namoro*. Disponível em: www.soleis.com.br. Acesso em: 20 dez. 2010.

[330] Segundo o art. 425 do Código Civil brasileiro: "É lícito às partes estipular contratos atípicos, observadas as normas gerais observadas nesse Código".

[331] Conforme inteligência do art. 107 do Código Civil brasileiro: "A validade da declaração de vontade não dependerá de forma especial, senão quando a lei expressamente a exigir" (SILVA, Regina Beatriz Tavares da. *O mal falado contrato de namoro*. Disponível em: www.flaviotartuce.adv.br/artigosc/Regina_namoro.doc. Acesso em: 2 dez. 2010).

[332] Art. 226, §3º da Constituição Federal de 1988: "Para efeito da proteção do Estado, é reconhecida a união estável entre o homem e a mulher como entidade familiar, devendo a lei facilitar a sua conversão em casamento" e art. 1.723 do Código Civil brasileiro: "É reconhecida como entidade familiar a união estável entre o homem e a mulher, configurada na convivência pública, contínua e duradoura e estabelecida com o objetivo de constituição de família".

[333] CARBONERA, Silvana Maria. *Reserva de intimidade*: uma possível tutela da dignidade no espaço relacional da conjugalidade. Rio de Janeiro: Renovar, 2008. p. 295. Chega-se à mesma conclusão analisando os desdobramentos da dignidade humana: "O substrato material da dignidade desse modo entendida pode ser desdobrado em quatro postulados: i) o sujeito moral (ético) reconhece a existência dos outros como sujeitos iguais a ele, ii) merecedores do mesmo respeito à integridade psicofísica de que é titular; iii) é dotado de vontade livre de autodeterminação; iv) é parte do grupo social, em relação ao qual tem a garantia de não vir

Ademais, acredita-se que o tema esteja absolutamente pacificado pelo julgamento da ADPF nº 132/RJ e da ADI nº 4.277/DF pelo Supremo Tribunal Federal, além de ter sido vertido na Resolução nº 175 de 14.5.2013 do Conselho Nacional de Justiça.

Consoante delineado, existem situações em que namoro e união estável serão separados por uma linha muito tênue. O critério diferenciador estaria na intenção de constituir ou não família, como explica Zeno Veloso:

> Entretanto, se os parceiros estão apenas namorando, embora um namoro de pessoas adultas, com aspectos de modernidade, como o fato de um passar dias e noites na casa do outro, e vice-versa, de frequentarem bares, restaurantes, festas, de viajarem juntos, hospedando-se no mesmo hotel etc., quem vê de fora, e diante daquela convivência, que é pública, contínua, duradoura, pode concluir que está diante de uma união estável. E não é o caso, pois, apesar da aparência, falta àquele relacionamento um requisito capital, essencial: o compromisso, o objetivo, a vontade de constituir uma família. Não se trata de uma união estável, mas de namoro prolongado.[334]

Apesar de a hipótese acima descrita ser bastante corriqueira na atualidade, boa parte da doutrina civilista ainda insiste em não a reconhecer. Alegam estes autores que o contrato de namoro seria uma figura inócua por ser eivada de nulidade. Isso porque, conforme o art. 166, inc. VI do Código Civil, o negócio jurídico em apreço teria por objeto fraudar lei imperativa (no caso, a constituição de união estável). Convém esclarecer que se trata de uma posição maniqueísta, a qual apregoa que sempre haverá expressiva incongruência entre o que foi avençado e a realidade.

Com efeito, entre o que consta no documento e o desenvolvimento no plano fático, deve prevalecer o segundo. No entanto, não há razão justificável para previamente imputar às partes o ânimo de fraude à lei. Frise-se que no direito pátrio vigora o princípio da presunção da inocência.

---

a ser marginalizado" (MORAES, Maria Celina Bodin de. O conceito de dignidade humana: substrato axiológico e conteúdo normativo. *In*: SARLET, Ingo Wolfgang. *Constituição, direitos fundamentais e direito privado*. Porto Alegre: Livraria do Advogado, 2010. p. 120).

334 VELOSO, Zeno. *Contrato de namoro*. Disponível em: www.soleis.com.br. Acesso em: 20 dez. 2010.

Diante de uma possível confusão, nada melhor que facultar às próprias partes a regulamentação jurídica de um assunto tão íntimo. O exercício dessa pactuação garantiria, em última instância, um relacionamento mais sadio, tendo em vista que possíveis desconfianças restariam afastadas. Não há fundamento idôneo que justifique o ato autoritário de impedir que o casal se autorregule. Como sintetiza Mara Rúbia Cattoni Poffo:

> Deve-se permitir que estas pessoas, que pretendem namorar sem criar direitos e deveres entre si, possam se relacionar sem o receio de serem lesadas quando tiver fim a relação afetiva. Caso contrário, as relações não serão mais amorosas, mas sim negociais, de modo que antes de iniciaram qualquer aproximação, os pares deverão celebrar contrato de namoro para resguardarem seu patrimônio.[335]

Nesse sentido, acredita-se que "o contrato de namoro é possível, assim como cautela e caldo de galinha não fazem mal algum".[336] Não se pode esquecer que a judicialização nem sempre representa o melhor caminho para a solução de um litígio conjugal. Ao enfraquecermos as bases da autonomia privada do casal, o resultado disso certamente será a vigência de uma lógica paternalista de desresponsabilização e de infantilização dos indivíduos.[337]

Nos dois casos em que o contrato de namoro foi examinado pelo Poder Judiciário tal negócio jurídico foi considerado e redundou no afastamento da configuração da união estável.[338]

Vale destacar que a decisão proferida pelo Desembargador Luiz Felipe Brasil Santos, anteriormente aludida, igualmente negou o reconhecimento de união estável.[339] Após afirmar que a união estável deve apenas ser reconhecida em casos em que "ela esteja palpitante na

---

335 POFFO, Mara Rúbia Cattoni. Inexistência de união estável em namoro qualificado. *IBDFAM*. Disponível em: http://www.ibdfam.Org.br/?artigos&artigo=601. Acesso em: 18 dez. 2010.

336 VELOSO, Zeno. *União estável*: requisitos. Disponível em: www.soleis.com.br. Acesso em: 15 dez. 2010.

337 MORAES, Maria Celina Bodin de. Uma aplicação do princípio da liberdade. *In*: MORAES, Maria Celina Bodin de. *Na medida da pessoa humana*: estudos de direito civil-constitucional. Rio de Janeiro: Renovar, 2010. p. 189.

338 TJSP. Nona Câmara de Direito Privado. Apelação Cível nº 554.280-417-00. Rel. Des. Grava Brazil, j. 12.7.2008 e TJRJ. Décima Nona Câmara Cível. Apelação Cível nº 0000305-63.2006.8.19.00003 (2009.001.13617). Rel. Des. Marcos Alcino A. Torres, j. 15.9.2009.

339 TJRS. Sétima Câmara Cível. Apelação Cível nº 70006235287. Rel. Des. Luiz Felipe Brasil Santos, j. 16.6.2004.

prova dos autos, nunca em situações dúbias, em situações contraditórias ou em situações em que a prova se mostre dividida", o desembargador justifica que assim deve ser porque caso contrário estaria casando de ofício quem não o fez *motu próprio* (na expressão de João Baptista Villela).[340] O magistrado chama o contrato de namoro de "aborto jurídico", em razão da crítica que se pode fazer da situação em que os indivíduos são constrangidos diante do receio de que um namoro "espontâneo, natural, simples e singelo, resultante de um afeto puro, acabe transformando-se em uma união com todos os efeitos patrimoniais indesejados ao início".[341]

Com o fito de enriquecer a presente análise, é apresentado a seguir um modelo de contrato de namoro firmado na cidade de Curitiba-PR.

> Escritura Pública de Declaração e Renúncia que fazem: _________ e _________ como declarado na forma abaixo:
>
> SAIBAM quantos esta pública Escritura de Declaração e Renúncia virem que aos trinta e um dias do mês de março do ano de um mil novecentos e noventa e oito (31/03/1998) nesta cidade de Curitiba, Capital do Estado do Paraná, em Cartório, perante mim Empregado Juramentado do Tabelião que esta subscreve, compareceram como outorgantes declarantes o Sr. _________ e a Sra. _________; os presentes reconhecidos pelos documentos apresentados nesta Escritura, do que dou fé. E, por esta Escritura e nos melhores termos de direito declaram o seguinte: "para todos os fins e efeitos de direito que, embora a 06 (seis) meses estejam habitualmente convivendo juntos, além de outras atividades sociais, inclusive mantendo ou não ocasionalmente ou de forma habitual relacionamento sexual íntimo, tal comportamento não implica convivência pública, duradoura e contínua, pois não tem por objetivo tornar-se legal a convivência. Não estando assim caracterizada a união estável, renunciam expressamente e retroativamente desde a inicial convivência, a todos os direitos em relação a quaisquer bens móveis ou imóveis adquiridos por ambas as partes, continuando cada um

340 TJRS. Sétima Câmara Cível. Apelação Cível nº 70006235287. Rel. Des. Luiz Felipe Brasil Santos, j. 16.6.2004.

341 TJRS. Sétima Câmara Cível. Apelação Cível nº 70006235287. Rel. Des. Luiz Felipe Brasil Santos, j. 16.6.2004.

dos declarantes a constituir em nome próprio o seu patrimônio, de forma que esse fique distinto e incomunicável, tanto para aqueles adquiridos no passado, quanto aos que venham a ser adquiridos na continuidade da relação que atualmente mantêm entre si, e declaram ainda, que no caso da inexistência de continuidade do mencionado relacionamento, nenhum direito a título de indenização caberá a qualquer um dos declarantes, renunciando reciprocamente, portanto, a todos os direitos e deveres previstos na Lei nº 9.278, de 10/05/1996.

Modelo de Escritura Pública de declaração de inexistência de união estável e renúncia de direitos pessoais e patrimoniais decorrentes de relacionamento íntimo cordialmente cedido pelo 1º Tabelionato Giovanetti de Curitiba, PR.

3.4.1 Aporte na doutrina estrangeira: o *common law marriage*

A argumentação favorável à pactuação de contratos de namoro no ordenamento jurídico brasileiro encontra amparo na doutrina norte-americana. Assim, far-se-á um estudo sobre um pacto norte-americano (*agreement of joint intent not to have a common law marriage*) análogo ao que é tema central desta pesquisa. Para tanto, será necessário antes verticalizar o instituto de qual a figura deriva (*common law marriage*).

O chamado *common law marriage* é um instituto originário dos casamentos informais realizados na Europa antes da ocorrência da Contrarreforma da Igreja católica em 1563.[342] Até este período, o casamento era reputado assunto particular referente apenas às partes envolvidas. Assim, não estava presente a intervenção regulatória e fiscalizatória das instituições públicas. A única exceção que merece ser mencionada eram os matrimônios que envolviam sujeitos pertencentes à nobreza. Tendo em vista que nessa hipótese estavam em jogo grandes

342 Em linhas gerais, pode-se dizer que nessa época a Igreja católica precisou se reorganizar com o intuito de fazer frente à Reforma Protestante, a qual vinha ameaçando a hegemonia do catolicismo. Esse movimento ficou conhecido como Contrarreforma.

somas de riqueza, tais uniões eram realizadas observando algumas poucas formalidades.[343]

Em todos os outros casos, bastava que duas pessoas concordassem em viver como marido e mulher que o casamento estaria configurado. Sua essência, portanto, era marcada por três elementos: (i) o acordo de vontades das partes; (ii) a coabitação como marido e mulher; e (iii) o reconhecimento do *status* de casal pela comunidade.

Contudo, com o advento do Concílio de Trento em 1563, houve uma alteração drástica das exigências para a configuração do matrimônio. O caráter informal foi abandonado e a validade do casamento passou a depender de sua realização diante de um padre e de ao menos duas testemunhas.[344]

Mesmo com a oposição da Igreja católica, os casamentos informais continuaram a existir na Inglaterra até o ano de 1753, quando foram abolidos por Ato do Parlamento.[345] Esta constatação levou Charles Cole a afirmar que a formalidade do casamento é um requisito relativamente recente para o direito anglo-saxônico.[346]

Observa-se que o *common law marriage* foi exportado para as colônias inglesas da América do Norte criadas antes de 1753. Além disso, o ato do Parlamento inglês não provocou efeitos em todas as colônias, sendo que a maioria delas ainda reconhecia o casamento informal.

Ao menos onze estados norte-americanos reconhecem plenamente o *common law marriage*: Alabama, New Hampshire, Colorado, Oklahoma, Rhode Island, Iowa, South Carolina, Kansas, Texas, Montana e Utah, além do Distrito de Columbia. Outros estados reconhecem esta forma

---

343 COLE, Charles D. Common-law marriage in the contemporary United States. *Nomos: Revista do Curso de Mestrado em Direito da UFC*, Fortaleza, v. 27, p. 357-365, jul./dez. 2007.

344 Registra-se que a este decreto se opuseram 56 cardeais que sustentavam que a Igreja não tinha poder para anular o efeito de um sacramento baseado no direito natural. Ver COLE, Charles D. Common-law marriage in the contemporary United States. *Nomos: Revista do Curso de Mestrado em Direito da UFC*, Fortaleza, v. 27, p. 357-365, jul./dez. 2007. p. 358.

345 Trata-se do "Act for the Better Preventing of Clandestine Marriage" ("Ato para Melhor Previnir Matrimônios Clandestinos"), conhecido por "Marriage Act" ("Ato do Matrimônio").

346 No original: "Therefore, one should recognize that the requirement of formal marriage is a relatively recent requirement of Anglo-American law". Tradução livre da autora: "Sendo assim, dever-se-ia reconhecer que o requerimento de casamento formal é um requerimento relativamente recente do Direito Anglo-Americano" (COLE, Charles D. Common-law marriage in the contemporary United States. *Nomos: Revista do Curso de Mestrado em Direito da UFC*, Fortaleza, v. 27, p. 357-365, jul./dez. 2007. p. 358).

de casamento desde que tenham sido criados antes da data em que foram abolidos pela legislação estatal.[347]

Apesar de o *common law marriage* ser permitido em apenas onze estados e no Distrito de Columbia, deve-se destacar que a validade e os efeitos do casamento dependem do estado da Federação em que foram pactuados. Portanto, ainda que o estado da Califórnia não permita o casamento informal, deverá reconhecê-lo caso o início do relacionamento, com coabitação e ostentação à comunidade, tenha tido início no Colorado, por exemplo.

Como nos estados em que o *common law marriage* é permitido não existe lei específica que regule a matéria, os elementos que o compõe somente podem ser extraídos de precedentes judiciais que apreciaram a questão. A partir de uma sistematização feita pela doutrina, quatro requisitos são apontados: (i) as partes, heterossexuais, devem ter capacidade para casar; (ii) deve haver mútua vontade de ter um relacionamento permanente e exclusivo; (iii) coabitação;[348] e (iv) o casal deve se mostrar para a comunidade como marido e mulher.[349] Este último requisito costuma ser o mais importante, já que os precedentes da maioria dos estados não reconhecem relacionamentos secretos ou clandestinos como casamentos.[350]

Nas Cortes estadunidenses, os casos mais recorrentes envolvendo *common law marriage* dizem respeito ao crescente número de casais que passou a viver junto após ter se divorciado formalmente em um primeiro casamento.

No caso *Copeland v. Richardson*, por exemplo, Betty e William haviam sido formalmente casados de 1974 a 1981. Após cerca de um ano da obtenção do divórcio judicial, o casal reatou a união e passou a residir novamente junto. Essa situação se perpetuou até 1987, ano em que William faleceu. Durante o processo de discussão de herança, uma

---

347 São eles: Georgia (criados antes de 1997), Idaho (criados antes de 1996), Ohio (criados antes de 1991), Pensilvânia (criados antes de 2005) e Kentucky (reconhece o *common law marriage* somente para conferir os direitos de indenização decorrentes de acidente de trabalho). Ver: IHARA, Toni; WARNER, Ralph; HERTZ, Frederick. *Living together*: a legal guide for unmarried couples. 14. ed. Berkeley: Nolo, 2008.

348 O requisito de coabitação é relativizado pelas Cortes nos casos em que o afastamento do lar do casal for justificado por motivo de trabalho.

349 COLE, Charles D. Common-law marriage in the contemporary United States. *Nomos: Revista do Curso de Mestrado em Direito da UFC*, Fortaleza, v. 27, p. 357-365, jul./dez. 2007. p. 359-360.

350 COLE, Charles D. Common-law marriage in the contemporary United States. *Nomos: Revista do Curso de Mestrado em Direito da UFC*, Fortaleza, v. 27, p. 357-365, jul./dez. 2007. p. 360.

filha que William havia tido antes de se casar com Betty requereu para si a totalidade dos bens do pai, tendo em vista que, à literalidade da lei, William era um homem divorciado.

Diante disso, Betty procurou o Judiciário norte-americano para exigir seus direitos sucessórios na qualidade de esposa de *common law marriage*. O tribunal ouviu uma série de testemunhas e constatou que William e Betty de fato eram reconhecidos pela comunidade como marido e mulher.[351] Outras provas acolhidas pela corte foram a existência de conta bancária conjunta, a realização de viagens e a divisão de tarefas entre o casal durante os cinco anos que passaram juntos. Assim, foram reconhecidos o casamento e os efeitos decorrentes dele (direitos sucessórios de Betty).

3.4.1.1 O acordo de intenções em comum para a não configuração de *common law marriage (agreement of joint intent not to have a common law marriage)*

Conforme explanado, o *common law marriage* se perfaz sem que tenha havido a celebração de qualquer tipo de cerimônia ou a observância de formalidades perante o Estado. Basta que o casal (homem e mulher) tenha capacidade para contrair o matrimônio, deseje ter um relacionamento permanente e exclusivo, coabite e, ainda, que a comunidade em que reside reconheça seus integrantes como marido e mulher.

Considerando o cunho informal que norteia sua constituição, não seria exagero aventar situações em que as partes – plenamente capazes, vivendo um relacionamento amoroso, coabitando, e identificadas como casal pela sociedade – simplesmente não quisessem ver configurado um *common law marriage*.

Eis que, diante da extensão de seus efeitos e da possibilidade de ser reconhecido em todo o território norte-americano, casais que não têm a intenção de sofrer efeitos do *common law marriage* adotam uma medida muito semelhante àquela defendida neste trabalho: assinam um acordo em que deixam claro o intento de não ver reconhecida essa modalidade matrimonial.

O acordo de intenções em comum para a não configuração de *common law marriage* (*agreement of joint intent not to have a common law*

---

[351] COLE, Charles D. Common-law marriage in the contemporary United States. *Nomos: Revista do Curso de Mestrado em Direito da UFC*, Fortaleza, v. 27, p. 357-365, jul./dez. 2007. p. 361.

marriage) pode ser firmado por inúmeras razões. Afinal, é cada vez maior o número de casais que vive junto sem, no entanto, contrair matrimônio.

Para muitas pessoas, a intervenção do Estado no relacionamento amoroso vivido é algo indesejado. Como bem disse Göran Lind, "Casamento é uma ótima instituição – mas quem deseja viver em uma instituição?".[352] Também, aqueles que tiveram um casamento formal e que posteriormente se divorciaram tendem a evitar a possibilidade de passar novamente por uma desgastante dissolução judicial da união.[353]

Para além disso, existem várias consequências práticas que fazem com que as partes sopesem o que seria mais vantajoso: ter ou não ter um *common law marriage*. A doutrina aponta que existem vários casos em que o indivíduo precisa realmente ter certeza de que não ocorrerá a formação de um novo matrimônio, sob pena de ver perecer um direito anteriormente obtido. No ordenamento jurídico norte-americano, seria o caso de benefícios relativos ao seguro social, além do pagamento de pensões e de verbas de cunho alimentício (*alimony*). Todos eles são cessados quando há a constituição de um novo casamento. O problema é que nem sempre a união em pauta seria de fato *common law marriage*. Poderia se tratar, por exemplo, de um namoro em que o casal, no afã de cortar custos, coabita.[354]

Outro caso peculiar envolve os gastos decorrentes de tratamentos médicos. Ocorre que nos Estados Unidos da América aquele que casa se torna responsável pelo bem-estar do cônjuge, incluindo eventuais cuidados que envolvam a saúde do outro.[355] Ressalta-se que neste país não há um sistema público de cobertura universal na área de saúde.[356]

---

352 "Marriage is a great institution – but who wants to live in an institution?" (LIND, Göran. Commom *Law marriage*: a legal institution for cohabitation. New York: Oxford University Press, 2008. p. 3).

353 IHARA, Toni; WARNER, Ralph; HERTZ, Frederick. *Living together*: a legal guide for unmarried couples. 14. ed. Berkeley: Nolo, 2008. p. 2.

354 IHARA, Toni; WARNER, Ralph; HERTZ, Frederick. *Living together*: a legal guide for unmarried couples. 14. ed. Berkeley: Nolo, 2008. p. 18.

355 IHARA, Toni; WARNER, Ralph; HERTZ, Frederick. *Living together*: a legal guide for unmarried couples. 14. ed. Berkeley: Nolo, 2008. p. 18.

356 A situação caótica do sistema de saúde fez com que o Presidente Barack Obama propusesse uma grande reforma nesse setor, cuja aprovação ocorreu em 22.3.2010. Sobre os efeitos da reforma: "A lei expande ainda o programa federal Medicaid, para os pobres, e cria um novo mercado no qual autônomos e pequenas empresas podem se juntar para comprar plano de saúde com condições melhores. A medida, com custo estimado em US$940 bilhões em dez anos, representa a maior expansão da segurança social desde a criação do Medicare e Medicaid, para os pobres e idosos, nos anos 60. A legislação ampla, que afeta virtualmente todos os americanos e atinge um sexto da economia dos EUA, estende a cobertura para cerca de 32 milhões de cidadãos americanos que hoje não tem nenhum convênio médico.

Assim, aproveitando o exemplo dado acima (de um namoro em que o casal, no afã de cortar custos, coabita), questiona-se o que poderia ocorrer se uma das partes precisasse subitamente de cuidados médicos, fosse levada ao hospital por terceiros e não possuísse plano de saúde privado (realidade vivida por cerca de 32 milhões de americanos). Seria provável que o convivente contraísse uma dívida a ser paga durante todo o resto da sua vida. Por isso, o aludido acordo tem sido particularmente utilizado por idosos.[357]

A fim de ilustrar tudo o que foi dito, é apresentado a seguir um modelo do acordo de intenções em comum para a não configuração de *commom law marriage*.[358]

Agreement of Joint Intent Not to Have a Common Law Marriage

____________________ and ____________________ agree as follows:

We have been and plan to continue living together as two free, independent beings and neither of us has ever intended to enter into any form of marriage, common law or otherwise.[359]

____________________ ____________________

Signature Date

____________________ ____________________

Signature Date

A lei proíbe ainda as empresas de negar apólice com base em doenças preexistentes e corta o deficit federal em US$138 bilhões em uma década" (OBAMA comemora aprovação da reforma da saúde e deve assinar lei hoje. *Folha de S.Paulo*, 22 mar. 2010. Disponível em: http://www1.folha.uol.com.br/folha/mundo/ult94u710124.shtml. Acesso em: 21 dez. 2010).

357 IHARA, Toni; WARNER, Ralph; HERTZ, Frederick. *Living together*: a legal guide for unmarried couples. 14. ed. Berkeley: Nolo, 2008. p. 18.

358 IHARA, Toni; WARNER, Ralph; HERTZ, Frederick. *Living together*: a legal guide for unmarried couples. 14. ed. Berkeley: Nolo, 2008. p. 10.

359 Tradução livre da autora: "Nós vivemos juntos e assim planejamos continuar como duas pessoas livres, independentes e nenhum de nós jamais pretendeu ter qualquer forma de casamento, de common law ou de qualquer outra maneira".

CONCLUSÕES

O presente estudo teve como ponto de partida as reflexões teóricas de Zygmunt Bauman acerca da configuração social da contemporaneidade. Conforme analisado, tem-se hoje uma sociedade líquido-moderna na qual os ditames do consumo adquiriram posição norteadora de todos as outras esferas da vida. A principal consequência disso foi a alteração da noção de tempo nas condutas humanas, o que gerou uma cultura imediatista regida pela mentalidade "curto prazo". Ainda na senda do consumo, constatou-se que o advento do cartão de crédito instigou o encurtamento entre satisfação e desejo, fazendo com que os indivíduos se tornem cada vez mais resistentes a frustrações.

Os reflexos da vida líquida são igualmente sentidos nas relações laborais, as quais passam a ser dominadas pela competição acirrada e pela desconfiança em relação ao outro, redundando em vínculos trabalhistas cada vez mais passíveis de rompimento.

Nesse mesmo sentido, verifica-se a existência de um medo difuso que orienta as tomadas de decisões dos cidadãos líquido-modernos. A partir de uma profunda ansiedade em busca de segurança, as pessoas procuram se isolar cada vez mais, perdendo paulatinamente o senso de solidariedade pelo próximo. Novamente, a interação social é preterida em favor de interesses individualistas.

Dentro desse cenário de liquefação que privilegia condutas imediatistas e hedonistas, ocorrem expressivas mudanças no seio dos relacionamentos afetivos. Estes passam a ser laços predominantemente frouxos e eminentemente revogáveis. Impulsionados pela purificação do conceito de sexo, surgem novas espécies de vínculo conjugal.

O namoro é inserido dentro dessa lógica, pois, embora não se trate de um vocábulo novo, seu significado atual destoa da visão tradicional de décadas atrás. Assim, o casal de namorados vivencia hoje experiências que só poderiam ser tidas após o casamento, como viagens, relações sexuais, coabitação, entre outras. Ademais, o namoro não é mais encarado como mero período experimental que conduz necessariamente ao casamento. Pode-se dizer que ganhou contornos autônomos, o que faz com que casais optem por vivenciar namoros de longos anos.

Ocorre que, por vezes, esse relacionamento é tomado por uma complexidade tão grande que o leva a ser confundido com uma união estável, fazendo com que ao namoro sejam imputadas as consequências jurídicas às quais o reconhecimento desta entidade familiar necessariamente conduz.

Diante disso, o trabalho em apreço defende que a união estável deve ser compreendida como ato jurídico compósito, no qual além de suporte fático (*convivência pública, contínua e duradoura*) deve necessariamente haver a manifestação do elemento volitivo do *objetivo de constituir família*.

Embora não haja consenso sobre o que é família no direito brasileiro, conceito cada vez mais plural, nota-se que a pactuação de um contrato de namoro seria suficiente para tornar claro o intento de não formar uma entidade familiar e, portanto, afastar a configuração de união estável. Isso porque o contrato de namoro impede que se complete o suporte fático da união estável, uma vez que atinge justamente seu elemento volitivo: declara-se expressamente que não se quer constituir família.

No que concerne especificamente ao contrato de namoro, entende-se que a decisão pioneira lavrada pelo Desembargador Luiz Felipe Brasil Santos foi mal compreendida pela doutrina nacional. De acordo com o acórdão, o contrato de namoro é um "aborto jurídico" porque visa à declaração de uma situação fática que não precisaria ser declarada: um relacionamento ainda em sua fase inicial, sem a intenção de constituir família ou de transformá-lo em casamento. Logo, a conclusão afirmada por vários autores (com base nessa decisão) de que o contrato de namoro seria sempre nulo é equivocada. Na verdade, a decisão em comento, na medida em que negou a existência de união estável, reforça a necessidade de se produzir um documento que permita identificar, sem margem de dúvidas, a existência ou não da intenção de constituir família. Nesse sentido, evidente que o contrato firmado, para produzir efeitos, precisa espelhar a realidade vivida pelo casal.

O relevo dado à vontade das partes é coerente com o transcurso operado do modelo transpessoal ao eudemonista de família. Também, encontra assento na doutrina do direito de família mínimo, que defende uma intervenção estatal mínima nessa seara, ocorrendo em caráter excepcional apenas quando se configurarem situações de vulnerabilidade.

Em última instância, o exercício da autonomia privada do casal se traduz na garantia do princípio da dignidade da pessoa humana.

REFERÊNCIAS

ACOSTA, Ana Rojas; VITALE, Maria Amalia Faller (Org.). *Família*: redes, laços e políticas públicas. 5. ed. São Paulo: Cortez, [s.d.].

AGAMBEN, Giorgio. *Homo sacer*: poder soberano e vida nua I. Tradução de Henrique Burigo. Belo Horizonte: Editora UFMG, 2002.

AGAMBEN, Giorgio. *O que resta de Auschwitz*: o arquivo e a testemunha (Homo Sacer III). Tradução de Selvino J. Assmann. São Paulo: Boitempo, 2008.

ALENCAR, Mônica Maria Torres de; DUARTE, Marco José de Oliveira (Org.). *Família e famílias*: práticas sociais e conversações contemporâneas. Rio de Janeiro: Lumen Juris, 2010.

ALVES, Leonardo Barreto Moreira. *Direito de família mínimo*: a possibilidade de aplicação e o campo de incidência da autonomia privada no direito de família. Rio de Janeiro: Lumen Juris, 2010.

AQUINO, Felipe. *Namoro*. 35. ed. Lorena: Cléofas, 2009.

ARAUJO, Vaneska Donato de. Contratos e direitos da personalidade. *In*: HIRONAKA, Giselda Maria Fernandes Novaes; TARTUCE, Flávio (Coord.). *Direito contratual*: temas atuais. São Paulo: Método, 2007.

ASSOCIAÇÃO BRASILEIRA DE EMPRESAS DE CARTÕES DE CRÉDITO E SERVIÇOS – ABECS. *Quem somos*. Disponível em: http://www.abecs.Org.br/quemsomos_ historia.asp. Acesso em: 13 set. 2010.

BANDEIRA, Manuel. *Meus poemas preferidos*. Rio de Janeiro: Ediouro, 2001.

BAUMAN, Zygmunt. *A arte da vida*. Tradução de Carlos Alberto Medeiros. Rio de Janeiro: Zahar, 2009.

BAUMAN, Zygmunt. *A sociedade individualizada*: vidas contadas e histórias vividas. Tradução de José Gradel. Rio de Janeiro: Zahar, 2008.

BAUMAN, Zygmunt. *Amor líquido*: sobre a fragilidade dos laços humanos. Tradução de Carlos Alberto Medeiros. Rio de Janeiro: Zahar, 2004.

BAUMAN, Zygmunt. *Capitalismo parasitário e outros temas contemporâneos*. Tradução de Eliana Aguiar. Rio de Janeiro: Zahar, 2010.

BAUMAN, Zygmunt. *Comunidade*: a busca por segurança no mundo atual. Tradução de Plínio Dentzien. Rio de Janeiro: Zahar, 2003.

BAUMAN, Zygmunt. *Confiança e medo na cidade*. Tradução de Eliana Aguiar. Rio de Janeiro: Zahar, 2009.

BAUMAN, Zygmunt. *Em busca da política*. Tradução de Marcus Penchel. Rio de Janeiro: Zahar, 2000.

BAUMAN, Zygmunt. *Globalização*: as consequências humanas. Tradução de Marcus Penchel. Rio de Janeiro: Zahar, 1999.

BAUMAN, Zygmunt. *Identidade*: entrevista a Benedetto Vecchi. Tradução de Carlos Alberto Medeiros. Rio de Janeiro: Zahar, 2005.

BAUMAN, Zygmunt. *Legisladores e intérpretes*: sobre modernidade, pós-modernidade e intelectuais. Tradução de Renato Aguiar. Rio de Janeiro: Zahar, 2010.

BAUMAN, Zygmunt. *Medo líquido*. Tradução de Carlos Alberto Medeiros. Rio de Janeiro: Zahar, 2008.

BAUMAN, Zygmunt. *Modernidade e holocausto*. Tradução de Marcus Penchel. Rio de Janeiro: Zahar, 1998.

BAUMAN, Zygmunt. *Modernidade líquida*. Tradução de Plínio Dentzien. Rio de Janeiro: Zahar, 2001.

BAUMAN, Zygmunt. *O mal-estar na pós-modernidade*. Tradução de Mauro Gama e Cláudia Martinelli Gama. Rio de Janeiro: Zahar, 1998.

BAUMAN, Zygmunt. *Tempos líquidos*. Tradução de Carlos Alberto Medeiros. Rio de Janeiro: Zahar, 2007.

BAUMAN, Zygmunt. *Vida a crédito*: conversas com Citali Rovirosa-Madrazo. Tradução de Alexandre Werneck. Rio de Janeiro: Zahar, 2010.

BAUMAN, Zygmunt. *Vida líquida*. Tradução de Carlos Alberto Medeiros. Rio de Janeiro: Zahar, 2007.

BAUMAN, Zygmunt. *Vida para consumo*: a transformação das pessoas em mercadorias. Tradução de Carlos Alberto Medeiros. Rio de Janeiro: Zahar, 2008.

BAUMAN, Zygmunt. *Vidas desperdiçadas*. Tradução de Carlos Alberto Medeiros. Rio de Janeiro: Zahar, 2005.

BAUMAN, Zygmunt; MAY, Tim. *Aprendendo a pensar com a sociologia*. Tradução de Alexandre Werneck. Rio de Janeiro: Zahar, 2010.

BITTAR, Eduardo Carlos Bianca. Família, sociedade e educação: um ensaio sobre individualismo, amor líquido e cultura pós-moderna. *Revista Brasileira de Direito das Famílias e Sucessões*, Porto Alegre; Belo Horizonte, out./nov. 2007.

BITTAR, Eduardo Carlos Bianca. Modernidade líquida, relações instáveis. *Boletim IBDFAM*, n. 47, p. 3-4, nov./dez. 2007. Entrevista.

BONDER, Nilton. *A alma imoral*: traição e tradição através dos tempos. Rio de Janeiro: Rocco, 1998.

BRITO, Rodrigo Toscano de. Conceito atual de família e suas repercussões patrimoniais. *In*: DIAS, Maria Berenice (Org.). *Direito das famílias*. São Paulo: RT, 2009.

CAHALI, Francisco José. *Contrato de convivência na união estável (de acordo com o novo Código Civil – Lei nº 10.406 de 10.01.2002)*. São Paulo: Saraiva, 2002.

CALVINO, Ítalo. *As cidades invisíveis*. Tradução de Diogo Mainardi. São Paulo: Companhia das Letras, 1990.

CAMPOS, Diogo Leite de. *Lições de direito da família e das sucessões*. Coimbra: Almedina, 2008.

CARBONERA, Silvana Maria. O papel jurídico do afeto nas relações de família. *In*: FACHIN, Luiz Edson. *Repensando fundamentos do direito civil brasileiro contemporâneo*. Rio de Janeiro: Renovar, 2000.

CARBONERA, Silvana Maria. *Reserva de intimidade*: uma possível tutela da dignidade no espaço relacional da conjugalidade. Rio de Janeiro: Renovar, 2008.

CHAVES, Jaqueline Cavalcanti. *"Ficar com"*: um estudo sobre um código de relacionamento no Brasil. 3. ed. Rio de Janeiro: Revan, 2001.

CLEMENTE, Isabel. Contrato de namoro. Você faria? *Revista Época*. Disponível em: http://colunas.epoca.globo.com/mulher7por7/2010/07/07/contrato-de-namoro-voce-faria/. Acesso em: 16 dez. 2010.

COLE, Charles D. Common-law marriage in the contemporary United States. *Nomos: Revista do Curso de Mestrado em Direito da UFC*, Fortaleza, v. 27, p. 357-365, jul./dez. 2007.

CONRADO, Marcelo; XAVIER, Luciana. Proteção do consumidor endividado: o desequilíbrio entre o crédito e o consumo. *In*: CORTIANO JUNIOR, Eroulths *et al*. (Coord.). *Apontamentos críticos para o direito civil brasileiro contemporâneo*. Curitiba: Juruá, 2009.

CONTRATO de namoro. *Paper Crafts*. Disponível em: http://www.papercrafts.com.br/dicas-para-casamento/dicas.asp?link=Contrato-de-namoro. Acesso em: 16 dez. 2010.

CONTRATO para preservar bens durante o namoro é nulo. *IBDFAM*. Disponível em: http://www.ibdfam.Org.br/?noticias&noticia=922. Acesso em: 18 dez. 2010.

COSTA, Maria Isabel Pereira da. Família: do autoritarismo ao afeto – Como e a quem deve indenizar a omissão do afeto? *Revista Brasileira de Direito de Família*, Porto Alegre, v. 7, n. 32, p. 20-39, out./nov. 2005.

COSTA, Mário Julio de Almeida. *Direito das obrigações*. 9. ed. rev. e aum. Coimbra: Almedina, 2001.

COUTO, Lindajara Ostjen. Constitucionalização do direito civil de família: o paradoxal crescimento do direito fundamental da autonomia privada. *IBDFAM*. Disponível em: http://www.ibdfam.Org.br/?artigos&artigo=460. Acesso em: 20 dez. 2010.

CRUZ, Maria Luiza Póvoa. Namoro ou união estável? *IBDFAM*. Disponível em: http://www.ibdfam.Org.br/?artigos&artigo=503. Acesso em: 18 dez. 2010.

DEL PRIORE, Mary (Org.). *História das mulheres no Brasil*. 9. ed. São Paulo: Contexto, 2009.

DIAS, Maria Berenice. *A estatização do afeto*. Disponível em: http://buscalegis.ufsc.br/revistas/index.php/buscalegis/article/view/8182/7748. Acesso em: 11 dez. 2010.

DIAS, Maria Berenice. Mais 10! *IBDFAM*. Disponível em: http://www.ibdfam.Org.br/?artigos&artigo=702. Acesso em: 3 jan. 2011.

DIAS, Maria Berenice. *Manual de direito das famílias*. 5. ed. rev., atual. e ampl. São Paulo: Revista dos Tribunais, 2009.

DONINI, Antonio Carlos. *Meu bem meus bens*. São Paulo: Klarear, 2009.

EDELMAN, Bernard. *O direito captado pela fotografia*. Tradução de Soveral Martins e Pires de Carvalho. Coimbra: Centelha, 1976.

FACHIN, Luiz Edson. *A "reconstitucionalização" do direito civil brasileiro*: lei nova e velhos problemas à luz de dez desafios. Disponível em: http://www.unibrasil.com.br/revista_on_line/artigo%2022.pdf. Acesso em: 7 set. 2010.

FACHIN, Luiz Edson. Da função pública ao espaço privado: aspectos da "privatização" da família no projeto do "Estado Mínimo". *In*: MARQUES NETO, Agostinho Ramalho *et al*. *Direito e neoliberalismo*: elementos para uma leitura interdisciplinar. Curitiba: EDIBEJ, 1996.

FACHIN, Luiz Edson. *Direito de família*: elementos críticos à luz do novo Código Civil brasileiro. Rio de Janeiro: Renovar, 2003.

FACHIN, Luiz Edson. O impacto das mudanças sociais no direito de família (entre dois Brasis: do casamento codificado às famílias não "matrimonializadas" na experiência brasileira). *Boletim da Faculdade de Direito, Studia Juridica*. Colloquia 6, Coimbra, 2000.

FACHIN, Luiz Edson. *Teoria crítica do direito civil*. 2. ed. Rio de Janeiro: Renovar, 2003.

FÉRES-CARNEIRO, Terezinha. *Casamento contemporâneo*: o difícil convívio da individualidade com a conjugalidade. Disponível em: http://www.scielo.br/scielo.php?script=sci_arttext&pid=S0102-79721998000200014&lng=pt &nrm=iso&tl. Acesso em: 15 dez. 2010.

FUNDAÇÃO GETÚLIO VARGAS. *Relatório Índice de Confiança na Justiça no Brasil – ICJBrasil*, 3º trimestre de 2010. Disponível em: http://virtualbib.fgv.br/dspace/bitstream/handle/10438/7727/RelICJBrasil3tri2010%27%27.pdf?sequence=3. Acesso em: 15 dez. 2010.

GAGLIANO, Pablo Stolze. *Contrato de namoro*. Disponível em: http://www.juspodivm.com.br/i/a/%7B3E8638FC-04B7-48AC-A125-970A7F08C923%7D_032.pdf. Acesso em: 10 jan. 2011.

GAMA, Guilherme Calmon Nogueira da. *Direito civil*: família. São Paulo: Atlas, 2008.

GEDIEL, José Antônio Peres. *Os transplantes de órgãos e a invenção moderna do corpo*. Curitiba: Moinho do Verbo, 2000.

GOMES, Orlando. A evolução do direito privado e o atraso da técnica jurídica. *Revista Direito GV*, v. 1, n. 1, p. 121-134, maio 2005.

GOMES, Orlando. A função renovadora do direito. *Revista de Direito da UFPR*, Curitiba, 1969. v. 12.

GOMES, Orlando. *Contratos*. Rio de Janeiro: Forense, 2007.

GROSSI, Paolo. *Mitologias jurídicas da modernidade*. Tradução de Arno Dal Ri Júnior. Florianópolis: Fundação Boiteux, 2004.

GUIMARÃES, Cleide. *Até que o dinheiro nos separe*: a questão financeira nos relacionamentos. São Paulo: Saraiva, 2010.

IBGE. *Séries*. Disponível em: http://seriesestatisticas.ibge.gov.br/series.aspx?vcodigo=FED304.

IHARA, Toni; WARNER, Ralph; HERTZ, Frederick. *Living together*: a legal guide for unmarried couples. 14. ed. Berkeley: Nolo, 2008.

ÍNDICE de avaliação do custo para a solução de litígios na justiça brasileira. *Fundace*. Disponível em: http://www.fundace.Org.br/arquivos_diversos/ftp/indice_confianca_justica.pdf. Acesso em: 16 dez. 2010.

ÍNDICE de eficiência da justiça brasileira. *Fundace*. Disponível em: http://www.fundace.Org.br/arquivos_diversos/ftp/indice_confianca_justica.pdf. Acesso em: 16 dez. 2010.

ÍNDICE de rapidez na solução de litígios na justiça brasileira. *Fundace*. Disponível em: http://www.fundace.Org.br/arquivos_diversos/ftp/indice_confianca_justica.pdf. Acesso em: 16 dez. 2010.

KUHN, Thomas S. *A estrutura das revoluções científicas*. Tradução de Beatriz Vianna Boeira e Nelson Boeira. 9. ed. São Paulo: Perspectiva, 2006.

LEITE, Eduardo de Oliveira. A (des)união estável. *In*: LEITE, Eduardo de Oliveira (Coord.). *Grandes temas da atualidade* – União estável: aspectos polêmicos e controvertidos. Rio de Janeiro: Forense, 2009. v. 8.

LEITE, Eduardo de Oliveira. *Direito civil aplicado*: direito de família. São Paulo: Revista dos Tribunais, 2005. v. 5.

LEITE, Eduardo de Oliveira. *Origem e evolução do casamento*. Curitiba: Juruá, 1991.

LEVI, Primo. *É isto um homem?* Tradução de Luigi Del Re. Rio de Janeiro: Rocco, 1988.

LIND, Göran. Commom *Law marriage*: a legal institution for cohabitation. New York: Oxford University Press, 2008.

LINDSTROM, Martin. *Sex, branding and profits*. Disponível em: http://www.branding strategyinsider.com/2008/09/naked-branding.html. Acesso em: 13 dez. 2010.

LINHARES, Juliana. Assim, eu assino. *Revista Veja*, São Paulo, ed. 2102, 4 mar. 2009.

LÔBO, Paulo Luiz Netto. *A concepção da união estável como ato-fato jurídico e suas repercussões*. Disponível em: http://evocati.com.br/evocati/impressao.wsp?tmp_codigo=385. Acesso em: 20 dez. 2010.

LÔBO, Paulo Luiz Netto. A repersonalização das relações de família. *Jus Navigandi*, Teresina, v. 9, n. 307, 10 maio 2004. Disponível em: http://jus.uol.com.br/revista/texto/5201. Acesso em: 3 jan. 2011.

LÔBO, Paulo Luiz Netto. *Direito civil*: parte geral. São Paulo: Saraiva, 2009.

LÔBO, Paulo Luiz Netto. Entidades familiares constitucionalizadas: para além do Numerus Clausus. *In*: FARIAS, Cristiano Chaves de (Coord.). *Temas atuais de direito e processo de família*: primeira série. Rio de Janeiro: Lumen Juris, 2004.

LÔBO, Paulo Luiz Netto. *Famílias*. São Paulo: Saraiva, 2008.

LÔBO, Paulo Luiz Netto. Prefácio. *In*: GAGLIANO, Pablo Stolze; PAMPLONA FILHO, Rodolfo. *O novo divórcio*. São Paulo: Saraiva, 2010.

LÔBO, Paulo Luiz Netto. Princípios do direito de família brasileiro. *Revista Brasileira de Direito Comparado*, v. 1, n. 1, jul. 1982.

MARQUES, Cláudia Lima; CAVALLAZZI, Rosângela Lunardelli. *Direitos do consumidor endividado*: superendividamento e crédito. São Paulo: RT, 2006.

MEIRELES, Rose Melo Vencelau. *Autonomia privada e dignidade humana*. Rio de Janeiro: Renovar, 2009.

MELLO, Marcos Bernardes de. Sobre a classificação do fato jurídico da união estável. *In*: ALBUQUERQUE, Fabíola Santos; EHRHARDT JR., Marcos; OLIVEIRA, Catarina Almeida de. *Famílias no direito contemporâneo*. Salvador: JusPodivm, 2010.

MELLO, Marcos Bernardes de. *Teoria do fato jurídico*: plano da existência. 15. ed. São Paulo: Saraiva, 2008.

META 2. *CNJ*. Disponível em: http://www.cnj.jus.br/index.php?Itemid=963. Acesso em: 15 dez. 2010.

MICHEL, Andrée. Modèles sociologiques de la famille dans les societés contemporaines. *Archives de philosophie du droit: reforme du droit de la famille*, Paris, 1975.

MORAES, Maria Celina Bodin de. A família democrática. *In*: MORAES, Maria Celina Bodin de. *Na medida da pessoa humana*: estudos de direito civil-constitucional. Rio de Janeiro: Renovar, 2010.

MORAES, Maria Celina Bodin de. O conceito de dignidade humana: substrato axiológico e conteúdo normativo. *In*: SARLET, Ingo Wolfgang. *Constituição, direitos fundamentais e direito privado*. Porto Alegre: Livraria do Advogado, 2010.

MORAES, Maria Celina Bodin de. Uma aplicação do princípio da liberdade. *In*: MORAES, Maria Celina Bodin de. *Na medida da pessoa humana*: estudos de direito civil-constitucional. Rio de Janeiro: Renovar, 2010.

MORAES, Maria Celina Bodin de. Vulnerabilidades nas relações de família: o problema da desigualdade de gênero. *Cadernos da Escola Judicial do TRT da 4ª Região*, v. 3, p. 20-33, 2010.

MORIN, Gaston. *La revolte du droit contre le code*. Paris: Libraire du Recueil, 1945.

MUNIZ, Francisco José Ferreira. *O direito de família na solução dos litígios*. Conferência proferida no XII Congresso Brasileiro de Magistrados (Belo Horizonte, 14 a 16 de novembro de 1991). Curitiba, 1992.

NALIN, Paulo. A autonomia privada na legalidade constitucional. *In*: NALIN, Paulo (Coord.). *Contrato & sociedade*. Curitiba: Juruá, 2006. v. 2.

NALIN, Paulo. *Do contrato*: conceito pós-moderno (em busca de sua formulação na perspectiva civil-constitucional). 2. ed. Curitiba: Juruá, 2006.

NAMUR, Samir. *A desconstrução da preponderância do discurso jurídico do casamento no direito de família*. Rio de Janeiro: Renovar, 2009.

NEVARES, Ana Luiza Maia. Entidades familiares na constituição: críticas à concepção hierarquizada. *In*: RAMOS, Carmen Lucia *et al*. (Org.). *Diálogos sobre direito civil*. Rio de Janeiro: Renovar, 2002.

NORONHA, Fernando. *Direito das obrigações*: fundamentos do direito das obrigações. São Paulo: Saraiva, 2003. v. 1.

NÚMERO de divórcios em cartórios de notas de São Paulo cresceu 109% no ano passado. *CNB-SP*, 2 fev. 2011. Disponível em: http://www.cnbsp.Org.br/Noticias_leiamais.aspx?NewsID=3099&TipoCategoria=1. Acesso em: 2 fev. 2011.

O QUE é bullying. *Revista Escola*. Disponível em: http://revistaescola.abril.com.br/crianca-e-adolescente/comportamento/bullying-escola-494973.shtml. Acesso em: 21 nov. 2010.

OBAMA comemora aprovação da reforma da saúde e deve assinar lei hoje. *Folha de S.Paulo*, 22 mar. 2010. Disponível em: http://www1.folha.uol.com.br/folha/mundo/ult94u710124.shtml. Acesso em: 21 dez. 2010.

OLIVEIRA, Euclides de. A escalada do afeto no direito de família: ficar, namorar, conviver, casar. *In*: PEREIRA, Rodrigo da Cunha (Coord.). *Família e dignidade humana*: anais V Congresso Brasileiro de Direito de Família. São Paulo: IOB Thomson, 2006.

OLIVEIRA, José Lamartine Correa de; MUNIZ, Francisco José Ferreira. O estado de direito e os direitos de personalidade. *Revista dos Tribunais*, São Paulo, v. 532, fev. 1980.

OLIVEIRA, José Lamartine Correa de; MUNIZ, Francisco José Ferreira. *Curso de direito de família*. 2. ed. Curitiba: Juruá, 1998.

OLIVEIRA, José Sebastião de. *Fundamentos constitucionais do direito de família*. São Paulo: RT, 2002.

OLIVEIRA, Luciano. *Não fale do Código de Hamurábi!* A pesquisa sócio-jurídica na pós-graduação em direito. Disponível em: http://www.esmape.com.br/downloads/Luciano_Oliveira_Nao_fale_do_codigo_de_Hamurabi.rtf. Acesso em: 23 set. 2010.

OYAMA, Thais. Homens precavidos estão assinando "contratos de não-compromisso" com namoradas. *Revista Veja*, São Paulo, ed. 1746, 10 abr. 2002.

PAES, José Paulo. *Melhores poemas de José Paulo Paes*. Seleção Davi Arrigucci Jr. 5. ed. São Paulo: Global, 2003.

PEREIRA, Rodrigo da Cunha. *Código Civil da família anotado*. Curitiba: Juruá, 2009.

PERLINGIERI, Pietro. *O direito civil na legalidade constitucional*. Tradução de Maria Cristina de Cicco. Rio de Janeiro: Renovar, 2008.

PERROT, Michelle. O nó e o ninho. *Veja 25 anos*: reflexões para o futuro, São Paulo, 1993.

PINHEIRO, Rosalice Fidalgo. *Contrato e direitos fundamentais*. Curitiba: Juruá, 2009.

POFFO, Mara Rúbia Cattoni. Inexistência de união estável em namoro qualificado. *IBDFAM*. Disponível em: http://www.ibdfam.Org.br/?artigos&artigo=601. Acesso em: 18 dez. 2010.

PONTES DE MIRANDA, Francisco Cavalcanti. *Tratado de direito privado*. 3. ed. Rio de Janeiro: Borsoi, 1971. v. 7.

PORTALIS, Jean-Etienne-Marie. *Discours préliminaire du premier projet de Code civil*. Paris: Voix de La cité, 1999.

PROGRAMA DAS NAÇÕES UNIDAS PARA O DESENVOLVIMENTO – PNUD. Disponível em: http://www.pnud.Org.br/pobreza_desigualdade/reportagens/index.php?id01=3597&lay=pde. Acesso em: 27 nov. 2010.

RAMOS, Carmen Lucia Silveira. *Família sem casamento*: de relação existencial de fato a realidade jurídica. Rio de Janeiro: Renovar, 2000.

RIBEIRO, Joaquim de Sousa. *Direito dos contratos*. Coimbra: Coimbra Editora, 2007.

RODOTÀ, Stefano; MORAES, Maria Celina Bodin de (Org.). *A vida na sociedade da vigilância*: a privacidade hoje. Tradução de Danilo Doneda e Luciana Cabral Doneda. Rio de Janeiro: Renovar, 2008.

ROPPO, Enzo. *O contrato*. Coimbra: Almedina, 2009.

ROXIN, Claus. *A proteção de bens jurídicos como função do direito penal*. Organização e tradução de André Luís Callegari e Nereu José Giacomolli. Porto Alegre: Livraria do Advogado, 2006.

ROXIN, Claus. *Derecho penal*: parte general. Tradução da 2. ed. alemã de Diego-Manuel Luzón Pena, Miguel Diaz y García Conlledo e Javier de Vicente Remesal. Madrid: Civitas, 1997. t.1: Fundamentos. La estructura de la teoría del delito.

RUZYK, Carlos Eduardo Pianovski. *Famílias simultâneas*: da unidade codificada à pluralidade constitucional. Rio de Janeiro: Renovar, 2005.

SANTOS, Juarez Cirino dos. *Direito penal*: parte geral. Curitiba: ICPC, Lumen Juris, 2006.

SARMENTO, Daniel. *Direitos fundamentais e relações privadas*. 2. ed. Rio de Janeiro: Lumen Juris, 2006.

SERVIÇO de mediação familiar. *TJSC*. Disponível em: http://www.tj.sc.gov.br/ institucional/ mediacaofamiliar/serv_mediacao.htm. Acesso em: 15 dez. 2010.

SEVERIANO, Maria de Fátima Vieira; ESTRAMIANA, José Luis Álvaro. *Consumo, narcisismos e identidades contemporâneas*: uma análise psicossocial. Rio de Janeiro: EdUERJ, 2006.

SILVA, Regina Beatriz Tavares da. *Namoro e união estável*: confusões. Disponível em: http:// www.reginabeatriz.com.br/academico/artigos/artigo.aspx?id=128. Acesso em: 13 dez. 2011.

SILVA, Regina Beatriz Tavares da. *O mal falado contrato de namoro*. Disponível em: www. flaviotartuce.adv.br/artigosc/Regina_namoro.doc. Acesso em: 2 dez. 2010.

SILVA, Virgílio Afonso da. *A constitucionalização do direito*: os direitos fundamentais nas relações entre particulares. São Paulo: Malheiros, 2005.

STAUT, Sérgio Said. Algumas precauções metodológicas para o estudo do direito civil. *In*: CANEZIN, Claudete. *Arte jurídica*. Curitiba: Juruá, 2005.

SULLEROT, Evelyne. *A família*: da crise à necessidade. Tradução de Rogério Alves. Lisboa: Instituto Piaget, 1997.

TARTUCE, Flávio. *Direito civil*: direito de família. 4. ed. Rio de Janeiro: Forense; São Paulo: Método, 2010. v. 5.

TARTUCE, Flávio. Novos princípios do direito de família brasileiro. *In*: TEIXEIRA, Ana Carolina Brochado; RIBEIRO, Gustavo Pereira Leite (Coord.). *Manual de direito das famílias e das sucessões*. Belo Horizonte: Del Rey, Mandamentos, 2008.

TEIXEIRA, Ana Carolina Brochado. *Família, guarda e autoridade parental*. 2. ed. Rio de Janeiro: Renovar, 2009.

TEIXEIRA, Ana Carolina Brochado. Haveria alternativas jurídicas frente à irresponsabilidade parental? *Boletim IBDFAM*, Belo Horizonte, n. 50, maio/jun. 2008.

TEIXEIRA, Ana Carolina Brochado. *Saúde, corpo e autonomia privada*. Rio de Janeiro: Renovar, 2010.

TEIXEIRA, Ana Carolina Brochado; RODRIGUES, Renata de Lima. *O direito das famílias entre a norma e a realidade*. São Paulo: Atlas, 2010.

TEPEDINO, Gustavo; SCHREIBER, Anderson. Minorias no direito civil brasileiro. *In*: FARIAS, Cristiano Chaves de (Coord.). *Temas atuais de direito e processo de família*: primeira série. Rio de Janeiro: Lumen Juris, 2004.

VELOSO, Zeno. *Contrato de namoro*. Disponível em: www.soleis.com.br. Acesso em: 20 dez. 2010.

VELOSO, Zeno. *União estável*: requisitos. Disponível em: www.soleis.com.br. Acesso em: 15 dez. 2010.

VILLAS, Alberto. *O mundo acabou!* São Paulo: Globo, 2006.

VILLELA, João Baptista. Liberdade e família. *Revista da Faculdade de Direito da UFMG*, Belo Horizonte, 1985.

VILLELA, João Baptista. Repensando o direito de família. *In*: PEREIRA, Rodrigo da Cunha (Coord.). *Repensando o direito de família*. Belo Horizonte: Del Rey, 1999.

WOLKMER, Antonio Carlos. *Introdução ao pensamento jurídico crítico*. 7. ed. São Paulo: Saraiva, 2009.

XAVIER, Marília Pedroso. *União estável, íntegra e coerente*. 2015. Tese (Doutorado) – Universidade de São Paulo, São Paulo, 2015.

Esta obra foi composta em fonte Palatino Linotype, corpo 10
e impressa em papel Offset 75g (miolo) e Supremo 250g (capa)
pela Gráfica Paulinelli, em Belo Horizonte/MG.